LÉVINAS

COLEÇÃO
FIGURAS DO SABER
dirigida por
Richard Zrehen

Títulos publicados

1. *Kierkegaard*, de Charles Le Blanc
2. *Nietzsche*, de Richard Beardsworth
3. *Deleuze*, de Alberto Gualandi
4. *Maimônides*, de Gérard Haddad
5. *Espinosa*, de André Scala
6. *Foucault*, de Pierre Billouet
7. *Darwin*, de Charles Lenay
8. *Wittgenstein*, de François Schmitz
9. *Kant*, de Denis Thouard
10. *Locke*, de Alexis Tadié
11. *D'Alembert*, de Michel Paty
12. *Hegel*, de Benoît Timmermans
13. *Lacan*, de Alain Vanier
14. *Flávio Josefo*, de Denis Lamour
15. *Averróis*, de Ali Benmakhlouf
16. *Husserl*, de Jean-Michel Salanskis
17. *Os estóicos I*, de Frédérique Ildefonse
18. *Freud*, de Patrick Landman
19. *Lyotard*, de Alberto Gualandi
20. *Pascal*, de Francesco Paolo Adorno
21. *Comte*, de Laurent Fédi
22. *Einstein*, de Michel Paty
23. *Saussure*, de Claudine Normand
24. *Lévinas*, de François-David Sebbah

LÉVINAS
FRANÇOIS-DAVID SEBBAH

Tradução
Guilherme João de Freitas Teixeira

Título original francês: *Lévinas, Ambiguïtés de l'altérité*
© Societé d'Édition Les Belles Lettres, 2003
© Editora Estação Liberdade, 2009, para esta tradução

Revisão técnica	Jacira de Freitas
Revisão de texto	Huendel Viana
Projeto gráfico	Edilberto Fernando Verza
Composição	B.D. Miranda
Capa	Natanael Longo de Oliveira
Editor responsável	Angel Bojadsen

CIP-BRASIL. CATALOGAÇÃO-NA-FONTE
Sindicato Nacional dos Editores de Livros, RJ.

S449L

Sebbah, François-David
Lévinas/ François-David Sebbah; tradução Guilherme
João de Freitas Teixeira. – São Paulo : Estação Liberdade,
2009
248p. – (Figuras do saber ; 24)

Tradução de: Lévinas
Inclui bibliografia
ISBN 978-85-7448-164-7

1. Lévinas, Emmanuel, 1906-1995.   2. Filosofia moderna. I. Título. II. Série.

09-3156.

CDD 194
CDU 1(44)

Todos os direitos reservados à
Editora Estação Liberdade Ltda.
Rua Dona Elisa, 116 • 01155-030 • São Paulo – SP
Tel.: (11) 3661-2881   Fax: (11) 3825-4239
http://www.estacaoliberdade.com.br

SUMÁRIO

Referências cronológicas   9

Abreviações   13

Introdução   19

1. Ler Lévinas, hoje   31

2. O rosto, a ética   43
   O apelo do rosto, a exigência ética   46
   O Outro e o Infinito   62
   O rosto nas suas diversas figuras   67
   Uma ética da perseguição?   88

3. Lévinas e a fenomenologia   97
   Transmitir a fenomenologia   98
   O uso levinasiano da fenomenologia   113
   Para além do Mundo: fenomenologia
   interrompida, fenomenologia continuada?   118
   Um escritor   140

4. Lévinas e o judaísmo   149
   Um "pensador judeu"?   151
   Uma filosofia inspirada   156
   A exigência talmúdica   163
   O judeu, o grego   169

O aspecto carnal do rosto, o amor: judaísmo e cristianismo — 177

5. História, política e justiça, segundo Lévinas — 187
   A história, o acontecimento: messianismo e utopia — 190
   O mal elemental — 198
   A justiça entre a responsabilidade ética e o político — 204
   O terceiro: justiça e filosofia — 211

Conclusão — 219

Indicações bibliográficas — 241

REFERÊNCIAS CRONÓLOGICAS

1906   Nascimento, no dia 12 de janeiro, em Kovno (Lituânia).

1914   A família de Lévinas emigra para a Rússia.

1917   Ingressa no liceu, em Cracóvia (Ucrânia).

1923   Deixa a Rússia para se instalar na França.

1923-27   Estuda filosofia na Universidade de Estrasburgo; encontro com Maurice Blanchot.

1928-29   Ano universitário em Friburgo (Alemanha); é aluno de Husserl e, em seguida, de Heidegger.

1929   Estuda na Sorbonne.

1930   Publicação da tese de doutorado: *Théorie de l'intuition dans la phénoménologie de Husserl.* Lévinas adota a nacionalidade francesa.

1931-32   Participa dos encontros filosóficos organizados por Gabriel Marcel; encontra-se ao lado de numerosas personalidades, entre elas Jean-Paul Sartre e Jacques Maritain.

1934   Publicação de *Quelques réflexions sur l'hitlérisme.*

1935   Publicação de *De l'évasion.*

1940-45   Detenção em um campo de prisioneiros para soldados e suboficiais, na Alemanha; sua família, que havia permanecido na Lituânia, foi presa e quase toda massacrada durante a ocupação nazista.

1947   Publicação de *De l'existence à l'existant*; Lévinas começa sua colaboração regular com o colégio filosófico de Jean Wahl, onde dá conferências; é nomeado diretor da *École Normale Israélite Orientale* [ENIO], encarregada de formar os professores de francês para as escolas da Aliança Israelita Universal [AIU] da bacia mediterrânea; encontro com M. Chouchani que o inicia no estudo do Talmude.

1948   Publicação de *Le temps et l'autre*.

1949   Publicação de *En décrouvant l'existence avec Husserl et Heidegger*.

1957   Primeira conferência (curso talmúdico) nos *Colloques des intellectuels juifs de langue française*.

1961   Publicação da tese de doutorado em Letras: *Totalité et Infini: essai sur l'extériorité*. Lévinas é nomeado professor na Universidade de Poitiers.

1963   Publicação de *Difficile liberté: essais sur le judaïsme*.

1967   É nomeado professor na Universidade de Nanterre.

1968   Publicação de *Quatre lectures talmudiques*.

1972   Publicação de *Humanisme de l'autre homme*

1973   É nomeado professor na Sorbonne.

1974   Publicação de *Autrement qu'être, ou au-delà de l'essence*.

1977   Publicação de *Du sacré au saint: cinq nouvelles lectures talmudiques*.

1982	Publicação de *De Dieu que vient à l'idée*, de *Éthique et infini* e de *L'au-delà du verset: lecture et discours talmudiques.*
1984	Publicação de *Transcendance et intelligibilité.*
1987	Prossegue uma atividade de conferencista no exterior e na França; faz, também, uma preleção sobre o trecho bíblico lido, em cada sábado, nas sinagogas.
1988	Publicação de *À l'heure des nations.*
1994	Publicação de *Les imprévus de l'histoire.*
1995	Falecimento em Paris, no dia 25 de dezembro. O elogio fúnebre é pronunciado por Jacques Derrida.
2000	Publicação de *Positivité et transcendance.*

ABREVIAÇÕES

Os títulos das obras de Lévinas citadas no texto se encontram abreviados da seguinte forma:

AV   *L'au-delà du verset: lecture et discours talmudiques.* Paris: Minuit, 1982.

DL   *Difficile liberté: essais sur le judaïsme* (1963). Paris: Le Livre de Poche (2ª ed. revista e aumentada, 1976),1997.

QLT *Quatre lectures talmudiques.* Paris: Minuit, 1968. Ed. bras.: *Quatro leituras talmúdicas.* São Paulo: Perpectiva, 2003.]

TH   *Théorie de l'intuition dans la phénoménologie de Husserl* (1930). Paris: Vrin, 1963.

TI   *Totalité et Infini: essai sur l'extériorité* (1961). Paris: Le Livre de Poche, 1990. [Ed. port.: *Totalidade e Infinito.* Lisboa: Edições 70, 2000.]

Para Gabriel

Ao lado das pesquisas eruditas que situam um grande pensador na encruzilhada das influências suportadas e exercidas, existe um espaço para formular esta questão que, apesar de modesta, não deixa de ser séria: afinal, o que ele representa para nós?

O valor de uma verdadeira filosofia não se encontra em uma eternidade impessoal. Sua face luminosa está voltada para nós, seres marcados pela temporalidade. Sua solicitude por nossas angústias faz parte de sua essência divina. O aspecto verdadeiramente filosófico de uma filosofia avalia-se por sua atualidade. A mais genuína homenagem que lhe possa ser prestada consiste em integrá-lo às preocupações do momento presente.

Lévinas, a propósito de Maimônides

O que será relembrado de uma filosofia que chama nossa atenção: as verdades de um "saber absoluto" ou determinados gestos e certas inflexões de voz que, para nós, formam o rosto de um interlocutor indispensável para qualquer discurso, até mesmo interior?

Lévinas, a propósito de Husserl

INTRODUÇÃO

Eis o que se tornou uma ideia preconcebida, cujo alcance deve ser avaliado ou, antes, cuja exorbitância deve ser, incessantemente, posta à prova: a dificuldade para entender o pensamento de Lévinas tem a ver com sua inaudita originalidade. Apesar de sua discrição, este pensamento é absolutamente audacioso: reivindicou um *corte radical* com a filosofia ocidental anterior, sem nada ter abdicado das rigorosas exigências do discurso filosófico. Deste modo, antes de mais nada, nosso intuito consiste em dar a conhecer a audácia desse pensamento quando, atualmente, ele corre o risco de ser negligenciado por causa de sua estranheza e de sua novidade, assim como por uma celebridade mitigada, tardiamente reconhecida, tendo arrastado na sua esteira o ronrom de algumas caricaturas fáceis e de alguns temas na moda.

De acordo com o ensinamento de Lévinas, o essencial – e, conviria afirmar, para não ser demasiado infiel a seu pensamento: ainda mais importante que o essencial – situa-se na relação ética. Ele nos ensina, também, que essa relação não é o que se acredita habitualmente, tampouco o que a filosofia, na maioria das vezes, nos explicou a seu respeito; de fato, desde suas origens, na Grécia, ela havia meditado, incessantemente, a ética como a arte de viver. Para Lévinas, a ética consiste, no fundo, em uma experiência que deixou de corresponder ao sentido estrito desse termo porque, nessa vivência, sou desapossado de qualquer iniciativa. Ele nos ensina que a ética consiste em uma "relação", impropriamente falando: com efeito, em vez do simples estabelecimento de relações entre dois termos preexistentes, trata-se da relação com Outrem. Essa estranha "experiência" de Outrem é designada por Lévinas como "relação ética", ou "amor", "caridade" ou, ainda, "obsessão", até mesmo "perseguição"... outras tantas palavras cuja significação deverá ser renovada já que os termos "antigos" – apesar disso, os únicos à nossa disposição – não estariam em condições de exprimir a originalidade e a novidade do que é proposto por nosso autor. Outras tantas palavras que, em sua própria multiplicidade, testemunham que, em certo sentido, a relação com Outrem desborda, por definição, qualquer tentativa de capturá-la em *uma* definição. Deve-se dar testemunho dessa *prova* tão desestabilizante que chega a alterar as palavras para exprimi-la. E para indicar com precisão em que aspecto o Outro instaura, desde sempre, a ética como o que há de mais importante, Lévinas evoca o *rosto* de Outrem. Ou, mais exatamente, o Outro não está em parte alguma, além de seu rosto; e o que é "rosto", unicamente, é o Outro.

O rosto não é uma metáfora, nem um símbolo ou uma imagem para exprimir concretamente um mandamento abstrato, mas a origem de toda a significação em sua própria concretude, em seu aspecto carnal. Se o rosto não é um símbolo, nem uma imagem, susceptível de ser resumido a uma parte do corpo, focalizada objetivamente, é porque corresponde ao que é propriamente o *humano*: a significação brota diretamente dessa carne, na nudez do que, desde então, é rosto. O verdadeiro sentido surge mediante a prova do rosto de Outrem. Eis o que é mais importante que o essencial; aliás, frequentemente, os homens tendem a esquecê-lo. Mas, tal esquecimento nada retira

Introdução

da importância desse aspecto "mais antigo que toda a origem"; pelo contrário, torna mais urgente a tarefa de, por assim dizer, "fazer apelo" ao rosto ou, mais exatamente, de despertar para o apelo do rosto – o que constitui, em certo sentido, a própria tarefa da filosofia de Lévinas.

Nosso filósofo nos ensina também que é necessário evadir-se para além do ser. Sua filosofia pretende tornar-se atenta à injunção "do" que, desde sempre, contrasta com o ser – designado por ele, às vezes, como "Infinito". Neste sentido, sua filosofia acolhe a interrupção da ontologia, do discurso sobre o ser; apresenta-se como interrupção da ontologia. Eis em que aspecto ela pretende ser radicalmente nova no âmago da filosofia ocidental: desde os pré-socráticos até Heidegger, a filosofia foi meditação do Ser, por definição, e decisão originária que se manteve surda a qualquer injunção oriunda do além do ser, a qualquer acontecimento que interrompesse o reino do ser. O ser: a primeira e a última palavra da filosofia – até Lévinas. Seria mais apropriado sublinhar que essa exposição ao outramente que ser, estabelecendo o contraste com o ser, submete o estilo definidor e argumentativo do "justificar", exigido pela filosofia, a uma prova difícil, sem esvaziá-lo nem abandoná-lo: inclusive, nesta abertura ao Infinito, Lévinas pretende ser, mais do que nunca, um filósofo.

De fato, essa história que relata uma evasão primordial para além do ser – dando testemunho de uma injunção proveniente do *outramente que ser* – e o cenário do encontro ético com Outrem, da prova do rosto, constituem a mesma história, a mesma intriga mais antiga que todo o começo. Ler Lévinas é aprender que a ética é interrupção da ontologia e, assim, origem de toda a significação.

Evidentemente, pode-se até mesmo observar que, talvez, essa postura não tenha sido assim tão original; inclusive, o próprio Lévinas reconhecia a existência de alguns precursores. Mas, ao ler sua obra, ficamos impressionados com a radicalidade, a intensidade e, por assim dizer, a franqueza da prova testemunhada por ele. A este propósito, convém sublinhar que, inegavelmente, Lévinas transmite um – para não dizer *o* – ensinamento fundamental do judaísmo ao relatar a ruptura em relação à ontologia e à preeminência de Outrem.

Entretanto, não seria possível reduzir seu pensamento a uma simples repetição – pouco original – dos grandes temas judaicos, nem tirar partido deste motivo para refugiar-se em uma reflexão fora da exigência filosófica. Com efeito, desse ponto de vista, a maior originalidade de Lévinas talvez não seja o fato de ter promovido a convergência entre a exigência filosófica grega do "justificar" e a prova judaica do Infinito, mas ter realizado esse empreendimento com uma dupla fidelidade sem lacunas, assumindo-a até o fim, inclusive em suas tensões contraditórias. E eis por que é essencial evocar a inspiração judaica assumida por Lévinas em sua filosofia; e eis por que, do mesmo modo, esse pensamento não é "explicado" – no sentido de "esgotar todo o seu conteúdo" – pela referência a essa inspiração.

Nas linhas precedentes, procuramos apresentar, de saída, o âmago do pensamento levinasiano, indicando o acesso ao que existe de desestabilizante nesse pensamento e ao que ele revela que nunca havia sido tão bem percebido anteriormente. E a "intriga" que ele relata, como já dissemos, é mais antiga que todo o começo, mais antiga que a história concreta dos homens, mais antiga que a história concreta do homem "Lévinas", irredutível aos acontecimentos históricos, mundanos, em sua

Introdução 23

singularidade – estabelecendo, desde sempre e em cada circunstância, a significação de cada um deles.

Antigo reflexo do professor de filosofia: negligenciar, por assim dizer, a biografia do autor para evitar todos os riscos de explicação de uma filosofia por motivos psicológicos ou biográficos. Ou seja, atribuir a Lévinas o que Heidegger, nas suas aulas, afirmava a respeito de Aristóteles: "ele nasceu, trabalhou e morreu". E, no entanto... convém evocar alguns dados biográficos, desde que tenham sentido; além disso, se a filosofia de Lévinas não se explica pelos "imprevistos da história", ela faz parte dessas filosofias que procuraram continuamente tornar legível a significação dos acontecimentos, levando a perceber, no que lhe diz respeito, a maneira como cada um faz brilhar, volta a representar, este ou aquele momento da intriga mais antiga.

Lévinas nasceu em Kovno, na Lituânia, em 1906. Desde criança, leu a Bíblia hebraica. Seu judaísmo ficou impregnado pela desconfiança, reinante nesse país, em relação ao entusiasmo e aos sentimentos; portanto, neste sentido, tratava-se de um judaísmo "intelectual". Leu, também, Tolstói e Dostoiévski, preocupado com o ser humano como tal; ele viveu a revolução russa de 1917, na Ucrânia. Em seguida, a família o enviou para a França, a fim de prosseguir os estudos em Estrasburgo. Sobre esse período, escreveu o seguinte: "Através dos professores que haviam vivenciado o 'Caso Dreyfus' durante sua adolescência, eu, recém-chegado, tive uma visão resplandecente, por um lado, de um povo que preconiza a igualdade da humanidade, e, por outro, de uma nação à qual é possível se apegar tão fortemente pelo espírito e pelo coração, quanto pelas raízes" (DL, 405-12).

1928-29: ano universitário em Friburgo; nessa universidade, ele inicia-se na fenomenologia como aluno de Husserl e de Heidegger. Por seu intermédio, esta disciplina

– na qual ele se constitui como filósofo – é introduzida na França: vai renová-la profundamente, imprimindo-lhe algumas violentas torções. Lévinas adquire a nacionalidade francesa em 1930; feito prisioneiro, em 1940, passa todo o período da guerra na Alemanha, em um campo de prisioneiros para militares, "protegido pelo uniforme francês". Enquanto a mulher e a filha, escondidas pelas religiosas de São Vicente de Paulo, escapam ao extermínio pelos nazistas, os demais membros da família, que haviam permanecido na Lituânia, são quase todos assassinados. Em relação à sua biografia, Lévinas escreve: "Ela é dominada pelo pressentimento e pela lembrança do horror nazista" (DL, 406).

A obra de Lévinas não se reduz a uma "reação" ao horror nazista, uma meditação a respeito desse horror, por mais necessária que esta possa ser; mas, por se tratar de uma grande obra, ela sabe valorizar o sentido – e a falência do sentido – no plano mesmo da tessitura dos acontecimentos históricos. Depois da guerra, ele é nomeado diretor da École Normale Israélite Orientale, em Paris: foi professor de filosofia e, aos sábados, comentava um trecho de Rachi.[1] Esta atividade adquiriu uma verdadeira significação diante da importância atribuída por Lévinas, em seus escritos filosóficos, à relação estabelecida, em situação de ensino, entre mestre e discípulo.

No decorrer desses anos, ele iniciou-se na leitura talmúdica com M. Chouchani, mestre "prestigioso" e "misterioso". No mais íntimo da vida de Lévinas, encontram-se o judeu e o grego, o talmudista e o professor de filosofia. Somente em 1961, após a publicação de *Totalité et Infini* – sua tese de doutorado –, ele tornou-se professor da Universidade de Poitiers; embora somente mais tarde é que

---

1. Rabbi Chelomo Ben Isaac, comentarista medieval da Torá e do Talmude, originário de Troyes, na região de Champagne.

Introdução

seu pensamento começou a deixar a confidencialidade para ser, talvez, recuperado por uma celebridade mitigada, do tipo grande público, no final de sua vida. Lévinas terminou sua carreira universitária na Sorbonne, tendo falecido em 1995.[2]

Sua obra apresenta a seguinte configuração:

Em primeiro lugar, sua tese de 3º ciclo – *Théorie de l'intuition dans la phénoménologie de Husserl* –, publicada em 1930, consiste em uma elucidação bem precisa dos principais temas de dois livros de Husserl: *Recherches logiques* e *Ideen I*. Esse trabalho, com o formato universitário, deu a conhecer a fenomenologia husserliana aos franceses: por seu intermédio é que, de acordo com o testemunho de Sartre e Desanti, eles tiveram acesso a Husserl. No entanto, o mérito desse livro não se resume à inauguração dos estudos husserlianos na França, mas constitui até hoje uma das mais rigorosas elucidações sobre Husserl. Essa leitura atenta dos mestres da fenomenologia, Husserl e Heidegger, será prosseguida por Lévinas, que, da forma mais franca possível, passa da dimensão da explicação para a dimensão do "comentário": o que é testemunhado pelas diferentes edições do livro *En découvrant l'existence avec Husserl et Heidegger* (1949), cujo conteúdo foi ampliado, mais tarde, com "novos ensaios" (1967, 1970, 1978).

Entretanto, pode-se afirmar que a obra de autor propriamente dita inaugura-se em 1935 com o livro *De l'évasion*. Em uma apresentação bastante sucinta, esse texto descreve o movimento pelo qual a ipseidade do *Si* [*Soi*] deve arrancar-se, evadir-se, do existir bruto, do ser pensado como substrato de existência anônima e, pelo mesmo

---

2. Pode-se consultar o livro de Salomon Malka, *Lire Lévinas* (Paris, Cerf, 1984): o autor empenha-se em apresentar o percurso do homem Lévinas e de sua significação para nós.

impulso, absurda, sem significação: o que Lévinas designa como o *há* [*il y a*]. Observar-se-á, portanto, que o tema da evasão para fora do ser é absolutamente germinal em Lévinas, mas que, no início do itinerário, ele não é (ainda?) reconhecido como tema ético do para-Outrem; de fato, nos primeiros escritos de Lévinas, não se formula a questão de Outrem, tampouco a do rosto. Em compensação, as noções de *há* e de subjetividade, assim como de ipseidade – a ipseidade do si mesmo, que, justamente, se arranca do *há* –, constituem o núcleo dessas primeiras obras e não deixarão de ser objeto constante de sua reflexão.

Na meditação levinasiana, o Outro passa para o primeiro plano apenas a partir de 1947 com os livros *De l'existence à l'existant* e *Le temps et l'autre*. E a plena explanação do pensamento que designa o Outro em seu rosto como mais importante que tudo, como mais importante que o Todo – mostrando que a crítica do ser em sua Totalidade e a prova ética de Outrem constituem uma só e mesma história –, exprime-se na grande obra *Totalité et Infini: essai sur l'extériorité* (1961).

O livro *Autrement qu'être, ou au-délà de l'essence* (1974) marca a última etapa importante da obra, propondo uma retomada, de forma radical, dos principais "temas" abordados em *Totalité et Infini*. Lévinas irá exprimi-los de outra maneira. É um empreendimento decisivo: não se trata, de modo algum, de um invólucro novo para algo já dito, ele rompe com a linguagem da ontologia, ainda demasiado pregnante em *Totalité et Infini*; com efeito, é necessário deixar que se exprima o que vem quebrar o ser em sua totalidade, deixá-lo anunciar-se – recusando-se logo – naquilo mesmo em que ele seria incapaz de se resumir, ou seja, o ser substancial e os "temas" que o designam. No afastamento entre os temas, é necessário sugerir o que nunca se deixará petrificar ou sedimentar neles: tal é a tarefa em que nosso autor deve,

Introdução 27

agora, concentrar-se, ao passo que *Totalité et Infini* teria demonstrado, por assim dizer, demasiada confiança na linguagem da filosofia que imita e reduplica o ser, compartilhando sua vontade no sentido de determinar essências.

No livro *Autrement qu'être*, a escrita levinasiana traz os vestígios dessa exigência, seu ritmo é irregular, sincopado: é necessário levar o *logos* dos filósofos até o limite da ruptura. Entretanto, além dessa violência de escrita, esse texto dá testemunho de outras violências. O leitor não poderá deixar de perceber que a "relação" com Outrem é descrita de maneira muito menos serena nesse livro que em *Totalité e Infini*: ela é enunciada como traumatismo ou perseguição, além de apresentar ao leitor, às vezes, imagens terrificantes.

Sublinhemos que, ao lado de sua obra filosófica propriamente dita, Lévinas publicou de maneira regular, a partir de 1963, algumas leituras talmúdicas que retomavam as conferências pronunciadas por ocasião dos *Colloques des Intellectuels Juifs de Langue Française*; esses cursos consistem em comentários de trechos do Talmude. E se o comentário talmúdico é um exercício de retomada das "significações da Sagrada Escritura por um espírito racional", Lévinas não deixa de estabelecer, com cuidado, a distinção entre sua "obra confessional" e sua obra filosófica.

Estes pontos de referência permitem esboçar uma rápida cartografia da obra levinasiana: um trabalho universitário de introdução e comentário sobre Husserl e Heidegger; e, mais tardiamente, uma obra de exegese talmúdica. Sobretudo, a obra de um filósofo e autor que, segundo parece, desdobra-se em diferentes etapas: os "escritos de juventude" em que – embora já esteja delineada a "intuição" fundamental de Lévinas – o Outro em seu rosto ainda não se revela em seu papel desestabilizador.

Em seguida, as obras da maturidade em que a exigência de se evadir do ser e de se deixar afetar pelo *outramente que ser* desenvolve-se, agora, como exigência ética orientada pelo rosto de Outrem. Por sua vez, este segundo período divide-se em dois momentos: o primeiro em torno da obra *Totalité et Infini*; e, em seguida, o momento focalizado no livro *Autrement qu'être*. Trata-se de uma evolução do pensamento que tende para uma radicalização, incessantemente, cada vez maior em sua tentativa de entender o Infinito "não contaminado pelo ser"; ou, ainda, testemunho de uma relação com Outrem cada vez menos serena e cada vez mais violenta.

Alguns comentaristas observaram que o tema do Outro tinha surgido depois da Segunda Grande Guerra, depois do extermínio perpetrado pelos nazistas. Como se esse desprezo – até então, único em seu gênero – pelo ser humano, enquanto este é o Outro em seu rosto, se tivesse imposto, com urgência, a Lévinas para reconhecer a coincidência, a própria identidade – mas, tal postura suscita espinhosos problemas que serão abordados mais adiante – entre a evasão para fora do não sentido, do anonimato do ser, por um lado, e, por outro, a "relação" com Outrem.

Outros comentaristas insistem sobre o fato de que as primeiras obras dedicadas à evasão do existente fora do existir testemunham de uma preocupação com a subjetividade que, em Lévinas, seja talvez, em certo sentido, mais originária que a preocupação por Outrem; ou, então, eles deduzem daí que, na obra levinasiana, se pode encontrar uma verdadeira meditação da alteridade em geral (por exemplo, a alteridade do existente em relação ao existir) que não está focalizada na alteridade de Outrem. No pressuposto de que alguém passasse ao lado da riqueza desse pensamento ao limitar-se exclusivamente ao tema do rosto de Outrem...

Introdução   29

De qualquer modo, no entender de Lévinas, existe uma "evolução" de seu pensamento que pretende ser um "progresso" na radicalização do entendimento entre o Infinito não contaminado pelo ser e a capacidade para sugeri-lo em uma linguagem que escape à ontologia; um "progresso" no testemunho da prova de Outrem.

Esperamos ter cumprido, o mais honestamente possível, a tarefa que consiste em indicar o âmago do pensamento levinasiano, seus diferentes *lugares* e sua "evolução" cronológica. Essa tarefa é necessária e legítima: uma introdução será fracassada se não apresentar alguns pontos que, a qualquer momento, possam servir de referência. Entretanto, sublinhemos que, na verdade, pensamos que as fronteiras entre os diferentes *lugares* da obra – mesmo que elas devam ser, incessantemente e de novo, remarcadas[3] – não constituem compartimentos estanques, mas são ambíguas. Sublinhemos, também, que a consideração desse pensamento unicamente sob a perspectiva de sua cronologia "objetivada", em diferentes etapas de uma evolução, parece-nos ser inadequada para nos adaptar à autenticidade de seu ritmo. A razão é que a primeira lição da leitura de Lévinas consiste em compreender que a interpretação das significações equivale a "estilhaçar" nelas o já dito, ou seja, o que veio a petrificar-se em determinados temas confinados e em movimentos enquadrados pela objetividade.

Como evitar a aposta de que ler Lévinas orienta – no mínimo, até certo ponto – no sentido de que lhe seja aplicado o "método" adotado por ele? Como evitar a aposta de que uma introdução à leitura de Lévinas deve correr o risco de levar o leitor a empreender esta via mais arriscada?

---

3. No original, *re-marquées*; vale lembrar que, em francês, o primeiro sentido do verbo *remarquer* é notar, observar. [N. T.]

Eis por que, nas páginas seguintes, nossa apresentação alterna, incessantemente, momentos de "indicação de referenciais" com momentos de "discussão" da obra. Em particular – e considerando que, afinal de contas, Lévinas dá testemunho de certo tipo de prova –, corremos o risco de tentar fornecer acesso a nosso filósofo ao encaminharmos o leitor por uma via indireta: a do testemunho de nossa recepção de Lévinas.

Meus agradecimentos a Jean-Michel Salanskis e a Richard Zrehen por terem decidido publicar este livro.

1

Ler Lévinas, hoje

Haverá alguma razão para ler Lévinas, hoje? E como ler seus textos?

Inegavelmente, diante de uma obra filosófica, os motivos que nos impelem à sua leitura devem, em certo sentido, escapar ao que, do ponto de vista espaço-temporal – a "época" ou, pior ainda, a "moda" – poderia ter determinado sua recepção. Inegavelmente, se um autor é filósofo – se ele é, simplesmente, um verdadeiro autor –, então, o interesse de seus discípulos é movido por motivos diferentes daqueles que se referem a uma pessoa viva, à sedução de sua palavra, a uma maior ou menor intimidade psicológica, à demanda de amor e de reconhecimento decorrente da paixão cega pelo mestre; em poucas palavras, o epígono fascinado, precisamente pelo exagero de sua demanda, não tem verdadeiramente mestre, e o mestre do epígono não é verdadeiramente um mestre.

É habitual dizer-se que a morte e a passagem do tempo contribuem – ampliando a distância em relação ao autor visado – não só para escapar a essas paixões que obscurecem o discernimento, mas também para alcançar uma maior "objetividade".

Há cinco anos, ocorreu o óbito de Emmanuel Lévinas.[1] Apesar desse distanciamento que torna realmente possível uma abordagem científica de natureza objetiva, está fora de questão convidar o leitor para uma semelhante operação; de fato, acolher filosoficamente uma obra – e esse reconhecimento já é uma lição da leitura de Lévinas – implica a rejeição de sepultá-la no túmulo da objetividade. Inversamente, tal postura não significa limitar-se a uma simples e monótona tentativa de reanimar dados psicológicos e contingentes.

O sentido de uma obra constitui-se através de sua recepção por determinada subjetividade que, por sua vez, se constitui por essa prova e – com Lévinas, poderíamos dizer – por esse traumatismo que, em sua própria violência, não deixa de ser o de um nascimento ou, mais exatamente, de um triplo nascimento: o do leitor, o da obra e, também – pelo menos essa é a expectativa do leitor –, o do autor, reanimado a tal ponto que ele renasce de suas cinzas na e pela leitura de sua obra.

Poderá parecer realmente arbitrário começar este livro pelo esboço de uma teoria da leitura. Esperamos que este começo seja legitimado pelo próprio desenrolar das diferentes etapas do percurso que ele inaugura, aliás, percurso "imerso em Lévinas", desde sempre, inspirado pelo que ele afirmou a respeito do nascimento, da filialidade e da interpretação; além de ser inspirado, sobretudo e antes de mais nada, pelo movimento e pela injunção do Dizer que desponta no texto levinasiano.

Assim, nas páginas seguintes, e com motivos consistentes, gostaríamos de abrir – ou, pelo menos, tornar acessível – a porta de entrada para a obra de Lévinas, levando

---

1. A data corresponde ao original, em francês, publicado em 2000. [N. T.]

em consideração algo de uma época e, igualmente, de uma recepção subjetiva; no entanto, esclarecemos que não se trata, de modo algum, de elaborar uma explicação baseada em motivos sociais e históricos, nem, evidentemente, de convidar o leitor a compartilhar humores pessoais que surgem por ocasião do contato assíduo com uma obra.

Se uma das primeiras observações a fazer a respeito da obra de Lévinas é que ela consiste, antes de mais nada, em uma *injunção*, então, a "boa" maneira levinasiana de tentar transmitir algo de sua obra consiste em testemunhar, como se tratasse de um eco, da maneira como determinada subjetividade foi afetada por essa reflexão. E somente então, mas de forma consequente, os temas que se encontram no âmago da obra levinasiana – ou seja, subjetividade, injunção e testemunho, transmissão e eco – poderão ser expostos, não simplesmente como se descreve um argumento, mas dados como eles nos foram dados, a um só tempo, como violência e como fecundidade.

O reconhecimento universitário, como já afirmamos, foi atribuído tardiamente a Emmanuel Lévinas (ele já tinha completado cinquenta anos ao ser nomeado professor da Universidade de Poitiers, em 1961); e seu encontro com o grande público, seu reconhecimento como o que, por convenção, se designa por "um grande pensador francês do século XX" (muito diferente do reconhecimento estritamente universitário), ocorreu ainda mais tardiamente (as entrevistas em jornais e revistas de grande tiragem datam, no essencial, da década de 1980). No entanto, Lévinas terminou sua carreira universitária na Sorbonne; apesar disso, parece que, nos dias de hoje – para adotar pontos de referência significativos – seu nome é mais atual que o de Sartre ou, até mesmo, o de Foucault: aqui, "atual" refere-se, simplesmente, ao encontro com as preocupações e a atmosfera de determinado tempo; ora, é certo que o exigente pensamento a respeito de Outrem conseguiu "sensibilizar" os partidários do "direito à diferença" na década de 1980, na França. Aliás, ainda não saímos dessa época em que o antirracismo e a ação humanitária tornaram-se os únicos, ou quase, *lugares* em que a militância ativa encontrou refúgio depois do desmantelamento das narrativas e/ou dos sólidos programas políticos, em particular do marxismo.

Esse encontro, essa exagerada "monetarização", transformou o tema levinasiano do "rosto de Outrem" em uma divisa que tem circulado em inúmeros discursos – cujo objetivo primordial não é o de conformar-se à exigência filosófica. Por conseguinte, ele acabou sofrendo, sem dúvida, um desgaste e foi, até mesmo, aviltado ao ser exibido como um emblema ou ao ser repetido como uma senha; em poucas palavras, ele foi caricaturado.

Assim, enquanto a presença de um Sartre esvai-se, pelo menos neste momento, da consciência do tempo, a de Lévinas está cada vez mais consolidada: há uma "juventude", uma "novidade" (relativa) e uma "atualidade" de nosso filósofo, nascido apenas alguns meses depois de Sartre. A razão é que a notoriedade pública de Sartre foi imediata e retumbante, enquanto a de Lévinas foi tardia. Além de um filósofo exigente que abordou o ser, o nada e a existência, Sartre foi um "intelectual comprometido", presente no debate público, e, sobretudo, um escritor, romancista e dramaturgo; por sua vez, Lévinas foi apenas o autor de textos relacionados com acontecimentos sempre pontuais e discretos (apesar de testemunharem uma preocupação radical da época atual), assim como de livros de filosofia suficientemente difíceis para chamar a atenção de pessoas fora do círculo dos especialistas (e, até mesmo, no interior desse círculo, voltamos a insistir, sua audiência foi tardia e, afinal de contas, durante muito tempo, limitada; de fato, durante muito tempo – e trata-se justamente de uma constatação, em vez de uma queixa por um obscuro motivo qualquer –, os leitores preferiram as obras de Althusser, Foucault ou Derrida).

Nossa proposta é que comecemos por essa atualidade tardia de Lévinas.

Como já foi dito, essa atualidade apresenta dois recortes: o sinal de um grande pensamento é o fato de falar do que vivemos agora, de esclarecer o que nos diz respeito, precisamente, *aí* onde cintila o essencial, e não a marca de uma pertinência qualquer ao efêmero da moda, afinal de contas, desprezível do ponto de vista da *philosophia perennis*; no entanto, esse encontro com a atmosfera de uma época incorre também, efetivamente, no risco de apresentar uma caricatura do essencial contido nesse pensamento.

Assim, teremos de meditar sobre o que significa a preeminência da ética em Lévinas, essa preeminência absoluta que destrona os dois candidatos, incumbidos naturalmente pela filosofia, da função arquitetônica: o teórico e, até mesmo, o político. Tentaremos explicitar o aspecto decisivo dessa reviravolta de perspectiva e de hierarquia, sublinhando o que ela nos permite observar que não sabíamos ver anteriormente, sem esquivar o possível problema desencadeado pela aparente relegação do político para o segundo plano. Com efeito, esse mal-estar pode ter sido vivenciado, por exemplo, por quem fez parte dos "pedestres" que, em 1986, voltaram a representar, de forma um tanto irrisória, os acontecimentos de 1968, ao promoverem passeatas contra a ideia de seleção – em particular, sem se limitarem a esse ponto, pela disponibilidade de recursos financeiros – para ter acesso à universidade. E, no momento em que, salvo para alguns agrupamentos políticos e sindicais estruturantes, circulava entre a maioria um novo lugar-comum: tratava-se de *evitar fazer*, absolutamente, política.

Na época, se nossa memória não falha, uma das manchetes do *Libération* era a seguinte: "Uma geração ética". E, sensivelmente, na mesma época em que nossos mestres – em sua maioria, com formação marxista – evitavam então, cuidadosamente, falar de Marx, Lévinas era entrevistado pelos jornalistas a propósito da causa humanista, ou seja, um dos novos – e únicos – *lugares* possíveis da prática; ora, é bem verdade que, há muito tempo, nosso filósofo meditava a injunção – dar seu pão a Outrem – como uma das formulações possíveis da ética.

A tentativa para designar o essencial na transformação do teórico em ética, assim como para deixar o domínio político em plano secundário, não deve ocultar o quanto é penoso constatar a ausência desse domínio, nem deve ser, de modo algum, a oportunidade para um uso perverso do pensamento de Lévinas a serviço da negação do político, tanto dissimulado quanto incentivado, pelo elogio do "caritativo" como se este se bastasse a si mesmo.

Alguns enunciados levinasianos prestam-se a uma leitura inconsistente, resultante dessa "piedade a distância" que caracterizaria certa maneira de ser de nossa época; reciclagem laica da injunção de "amar seu semelhante como a si mesmo". Ora, sabe-se que, muitas vezes, tal injunção pode estar a serviço de uma insipidez hipócrita, de uma "pieguice" que acompanha os gestos mais violentos das estruturas econômicas e políticas das quais, em um maior ou menor grau, participamos – independentemente de nossa vontade. Mas, apressemo-nos a sublinhar que, mesmo prestando-se a essa utilização – o que deve ser reconsiderado –, não significa: 1) que a injunção levinasiana se reduza a retomar, *de forma idêntica*, a mensagem bíblica; nem 2) que, de modo algum, esta mensagem, assim como seu próprio pensamento – embora, intimamente *inspirado* nela –, se reduzam a essa caricatura.

A evocação do papel desempenhado pelo pensamento levinasiano no contexto da década de 1980, no que poderia ser designado como o "pós" 68, é justificada: com efeito, nessa época – tardiamente – é que seu pensamento se tornou público e ganhou notoriedade.

No entanto, o acontecimento que o acompanhou, incessantemente, no mais profundo de si mesmo, situa-se um meio século antes: o extermínio dos judeus da Europa pelos nazistas. Apesar de não se limitar a uma reação ao horror nazista, como afirmamos, toda a obra levinasiana repercute o eco desse horror e não apenas de maneira acidental, mesmo que tal evocação só raramente ocorra de forma explícita. Ao atravessar a espessura da história, do dado da sociologia e das situações políticas, o pensamento levinasiano questiona o Ser. E a indicação de um grande pensamento é a instalação em tal nível de radicalidade que, em vez de significar a dissolução das situações concretas na generalidade difusa, fala-nos, do modo mais preciso possível, da singularidade dos acontecimentos, desvelando-nos nitidamente o aspecto "fundamental" de cada um: em relação à destruição dos judeus da Europa, assim como à criação do Estado de Israel e, na escala de cada um de nós, à morte, ao nascimento, à carícia e ao traumatismo (a lista não se encerra).

A grandeza desse pensamento apoia-se no fato de ter conseguido mostrar-nos os acontecimentos em sua espessura concreta, "voltando a nomeá-los" com os termos metafísicos da Totalidade e do Infinito, do "há", do "outramente que ser"... E de tal maneira que a conexão da espessura concreta e singular da História com a mais radical meditação metafísica não se permite – nem permite, em troca, a partir dela – qualquer achatamento redutor do trabalho do pensamento: na metafísica, a Totalidade não prepara inelutavelmente o totalitarismo no nosso século; tampouco determinados filosofemas de Nietzsche ou de Heidegger levam diretamente aos campos de extermínio!

Lévinas deixa que outros pensadores proponham, de forma superficial, tais explicações grosseiras que permitem, sobretudo, esquivar-se da leitura dos textos em suas sutilezas e ambiguidades, de lê-los simplesmente. Mas, no que se refere ao discurso dos filósofos, ele advoga a obrigação de prestar contas à realidade. Sob este ponto de vista, sua relação com Heidegger é exemplar: incapaz de perdoar o compromisso nazista do mestre, ele não pode renegar o respeito absoluto que devota à grandeza de seu pensamento; além disso, a solução que consiste em estabelecer a distinção radical entre o homem e a obra não teria, no seu caso, qualquer valor – se é que ela é válida para a apreciação das obras literárias ou científicas – precisamente por se tratar de um filósofo, ou seja, de alguém para quem a reflexão, por mais teórica que seja, é sempre pensamento *da* existência, é sempre responsável por submetê-lo à prova na vida prática.

A preocupação de Lévinas em relação ao pensamento heideggeriano terá sido a seguinte: que aspecto essencial *não foi pensado* por esse pensamento, a ponto de torná-lo compatível e articulável com o mal? Por conseguinte, eis sua preocupação com o próprio pensamento: o que este deve pensar para interditar, a partir dele mesmo, qualquer uso de si mesmo que possa colocá-lo a serviço do mal ou, simplesmente, o torne indiferente a ele próprio? E a meditação levinasiana aprofunda-se imediatamente deste modo: a que tipo de prova deve submeter-se o pensamento? O que pode excedê-lo e o que ele *experimenta* quando lhe falta o controle para *compreender* o que o excede? E, quando já não se trata de definir, nem de deduzir, qual deve ser seu testemunho para evitar, desde sempre, o assassinato de Outrem?

Já anunciamos a resposta para este questionamento que suscitará a meditação ininterrupta de Lévinas: a abertura originária ao Outro, ou seja, a Outrem,[2] que se apresenta como a preeminência absoluta da ética em relação ao teórico.

Esta resposta, tal como acabamos de resumi-la, tem uma significação bastante limitada. Ela assemelha-se a uma insípida repetição da mensagem judeo-cristã: a aliança do monoteísmo, como abertura ao Deus único e Infinito, com a mensagem ética de respeito por Outrem, mais ou menos radicalizada (do "Não matarás" do Antigo Testamento e da Torá, ao Sermão da Montanha pronunciado por Jesus e à exigência de apresentar a outra face).

Nas páginas seguintes, incumbe-nos fazer sentir em que sentido o pensamento levinasiano não é simplesmente a ressurgência do discurso religioso monoteísta em uma modernidade desencantada, tampouco um substituto pelo qual "os netos de rabinos e os ex-padres" podem desalterar, sem grandes dificuldades, sua sede de absoluto, e fingirem acreditar a partir de sua ignorância, aliás, reivindicada, do religioso.[3] E se, na França – durante esse

---

2. A expressão "ou seja" não é óbvia; por isso, voltaremos detalhadamente ao assunto.

3. Neste aspecto, referimo-nos àqueles que procuram em Lévinas — investindo erroneamente suas expectativas — o consolo da religião e um "suplemento de ânimo". Mas, de outro ponto de vista — e, neste caso, tratar-se-ia de coragem e não de fraqueza —, é possível estar de acordo com o comentário de Salomon Malka: "Como se o filósofo de quem tenta reencontrar a fidelidade, depois de ter perdido a fé e rejeitado a nostalgia, não merecesse certa auréola! Como se, atualmente, não vivêssemos a época dos ex-padres e dos netos de rabinos!", in *Lire Lévinas*, Cerf, 1984, p. 94.

período do pós-guerra, difícil para manifestar a identidade judaica –, Lévinas desempenhou, incontestavelmente, um papel precioso e decisivo na transmissão do judaísmo, incumbe-nos também mostrar que o pensamento de Lévinas não pode ser compreendido como uma simples promoção do judaísmo, nem como um apelo ao "retorno" à religião.

Se a expressão "pensador judeu" se refere a alguém que, por seu pensamento, incita a retornar à pureza original de uma revelação e de uma dogmática, então a obra de Lévinas não corresponde a essa fórmula. Mas, "pensador judeu" pode significar algo completamente diferente, em particular aquele que defende que uma filosofia rigorosa só pode ser o que ela é ao deixar-se *inspirar* por aquilo que a excede e a precede: no mínimo, e sem qualquer preconceito, o judaísmo de Lévinas é, para ele, o pré-filosófico em que a filosofia, em sua essência grega, se abre não propriamente ao Outro, mas pelo menos ao seu mais íntimo Outro. Eis por que não esquivaremos à questão de saber como Lévinas estabelece a relação da filosofia com o judaísmo.

Mas, se nos dispomos a aceitar, de saída, que sua filosofia enraíza-se no judaísmo sem que ela o considere como *fundamento*, então a tentativa de explicar integralmente o pensamento de Lévinas como a maneira de reativar o judaísmo é insuficiente.

A inteligibilidade do pensamento de Lévinas não se *resume* à consideração do que lhe serve de inspiração, nem a um tema ao qual ele poderia ser reduzido (sob esta perspectiva, identificá-lo com "o respeito absoluto por Outrem" é algo simplesmente banal por dispensar o uso de vocábulos técnicos e a referência, em primeiro lugar e exclusivamente, a algumas entidades intimidantes, tais como Ser, Nada, Essência ou Substância).

A inteligibilidade do pensamento levinasiano experimenta-se na partilha de uma postura, de uma exigência e do ritmo de um procedimento intelectual; tais características são as únicas que fazem significar os temas que são suscitados por seu intermédio.

Por razões de essência, o que é válido para qualquer filosofia – a saber, seu ensino e sua recepção consistem em experimentar e reproduzir, por si mesmo, seu ritmo, além de reativar as marcas indicativas que ela nos lega –, vale exemplarmente para Lévinas. De fato, para ele, filosofar equivale, no fundo, a estar vigilante para que os temas, produzidos a partir de rigorosas exigências racionais, sejam mantidos em incessante vigília, desestabilizados, mas animados por um sopro que lhes escapa e desencadeia seu movimento; aliás, eles devem dar testemunho desse sopro, sem se traírem a si mesmos, como obra da razão.

Ainda que os temas do Infinito e da Transcendência, assim como a reivindicação da metafísica, tenham conseguido suscitar dúvidas em alguns comentaristas, Lévinas *começa* – enquanto filósofo – vinculado às coisas mesmas, como fenomenólogo, no encantamento ou no assombro filosófico tal como os fenomenólogos o compreendem e lhe dão continuidade, ou seja, como preocupação pelo que aparece enquanto aparece, como preocupação do aparecer como tal. Ele terá mantido tal postura? Ou terá sido impelido – para além do aparecer, para além do domínio da fenomenologia e, até mesmo, da filosofia (já que a primeira pretende ser a nova efetuação e radicalização do gesto inaugural da segunda) – por uma preocupação excessiva pelo Outro?

Essas questões são relevantes porque Lévinas estava empenhado, no mais elevado grau, em ser um filósofo, e porque nos importa, no mais elevado grau, experimentar seu procedimento como filosófico. No entanto, acompanhar

Lévinas talvez seja equivalente a compreender que tais questões não podem ser contornadas nem resolvidas por um simples gesto; no entanto, em razão de sua fecundidade, elas devem ser infinitamente buriladas.

Procuremos, portanto, adaptar-nos ao ritmo desse pensamento e comecemos pela injunção que o habita, por aquilo que atrai a preocupação fenomenológica das "coisas mesmas", e que já o desestabiliza: o rosto.

2

O rosto, a ética

Durante muito tempo, tivemos a impressão de que se podia falar do essencial do pensamento de Lévinas sem evocar o tema do rosto; além disso, que se fazia justiça à reflexão levinasiana ao mostrar que se tratava de um pensamento rigoroso, no qual, por exemplo, as noções de *há*, subjetividade, Mundo, fruição, Desejo, etc., se encadeavam estritamente em uma rede complexa e tinham uma dignidade filosófica semelhante à da noção do Outro. Sobretudo, ao lermos os primeiros textos de Lévinas, anteriores à publicação do livro *Totalité et Infini*, tanto os de autor quanto os de comentador de Husserl – para facilitar nossa abordagem com tal partilha –, percebemos que a questão do estatuto originário da alteridade esteve sempre no âmago da indagação levinasiana[1], em

---

1. Como já sublinhamos, os primeiros textos de autor referem-se à maneira como o *si* [*soi*] arranca-se ao horizonte anônimo de uma existência indeterminada, o que suscita a questão da alteridade: o *si* mesmo surge apenas na *separação* (do si) primordial produzida no próprio movimento de interromper a monotonia do substrato bruto da existência indeterminada. Por outro lado, se compulsarmos os comentários elaborados, bem cedo, por Lévinas a respeito de Husserl, damo-nos conta de que ele prestou uma atenção privilegiada tanto ao que excede o poder de representação e de objetivação da consciência, quanto, sobretudo, ao que constitui uma separação ou defasagem primordial e interna à consciência: esse aspecto é designado, em particular, pelo termo "sensibilidade".

um momento em que o tema de Outrem (ou seja, precisamente, do outro homem) ainda estava ausente ou era marginal.

Em Lévinas, houve sempre a preocupação com a alteridade como tal, até mesmo quando ele não a abordava de maneira explícita.

Eis o que se pode afirmar com toda a certeza; mas, será legítimo deduzir que, desta vez, o tema do rosto do Outro vem formular, enfim, um pressentimento que, até então, havia sido apenas buscado e balbuciado? De nossa parte, hesitamos em tirar tal conclusão, por duas razões: em primeiro lugar, porque tal postura equivaleria a apresentar o curso desse pensamento como habitado por uma teleologia que, desde o início, o teria orientado e da qual seria apenas o desdobramento; ora, parece-nos que, deste modo, não fazemos jus à sua capacidade de se inventar... e, ao mesmo tempo, temos a certeza de que ele é trabalhado efetivamente por uma intuição fundamental, mas de tal modo que esse "trabalho" retira justamente a pertinência de uma apresentação que tivesse procedido, de forma exclusiva, à distinção das etapas no âmbito de uma evolução.[2] Em seguida – e sobretudo aqui –, porque se um olhar panorâmico sobre o itinerário levinasiano mostra que ele está habitado, de saída, pela questão da alteridade, nada indica que esse pensamento da alteridade estava *destinado* a exprimir-se unicamente como pensamento da alteridade do outro homem, como pensamento de Outrem. Em Lévinas, existe a possibilidade – legítima – de ler todo um pensamento da alteridade (como o arrancar-se ao *há*, mas também como passividade, temporalidade, sensibilidade...) que não seja pensamento de Outrem.

---

2. Voltaremos ao assunto no final deste capítulo e na conclusão.

O rosto, a ética

Assim, não seria necessário desocultar a riqueza do pensamento levinasiano que o efeito simplificador da recepção tenderia a resumir à palavra de ordem – ou mesmo a uma senha: o "rosto de Outrem"?

É verdade que o próprio Lévinas orientou-se no sentido dessa rotulagem de seu pensamento pela noção de rosto, por exemplo, nas numerosas entrevistas concedidas no final da vida. Será que ele mesmo, para se conformar à contingência obrigatória da difusão de seu pensamento ou para acompanhar o melhor possível sua vulgarização, teria escolhido essa marca de reconhecimento necessária, essa fórmula que resume, torna manipulável e mais facilmente transmissível – pelo menos em certo nível – o que ele pretendia dizer? (Assim, Descartes é identificado com "o bom senso"; Kant, com "a lei moral"; Hegel, com "a dialética", e... Lévinas, com "o rosto").

Talvez, mas é também porque o rosto, por ser um fenômeno diferente dos outros, entre o que aparece, e por não "funcionar" simplesmente – na melhor, assim como na mais perigosa das hipóteses para o pensamento – como um conceito, está longe de resumir a filosofia levinasiana; de fato, esta é orientada integralmente pela intuição, no sentido de Bergson[3], aliás, o nome pelo qual ela nos determina a aprender a experimentar para que o real *apareça* verdadeiramente, *tenha um significado.*

---

3. "Consideremos tudo o que o filósofo escreveu; procuremos remontar essas ideias esparsas em direção à imagem de onde elas haviam emanado; elevemo-las, agora, confinadas solidamente na imagem, até atingir a fórmula abstrata que vai ampliar-se com a imagem e com as ideias; apeguemo-nos, então, a essa fórmula e observemo-la, tão simples, simplificar-se ainda mais [...] subamos em direção ao ponto em que estaria comprimido, sob uma forma tensionada, tudo o que era dado em extensão na doutrina: desta vez, vamos ter a representação da maneira como se desencadeia desse centro de força, aliás, inacessível, o impulso que dá o élan, ou seja, a própria intuição." H. Bergson, *La pensée et le mouvant*, Paris, PUF, 92ª ed., 1985, p. 132.

Neste sentido, "rosto" é um "emblema filosófico", o que designa o aspecto mais genuíno e a intensidade do pensamento levinasiano, o ponto em que se comprime, de forma tensionada, toda a extensão do que é pensado por ele. E o termo "rosto" é o que é, simplesmente por fazer com que, no real, tudo possa aparecer; ele dá sentido a tudo o que aparece sem que ele próprio apareça do mesmo modo e, talvez, sem aparecer.

Experimentar a prova do rosto ocorre fora da filosofia, mas impõe-se o desvio pela filosofia como eco de uma injunção que emerge da própria vida; no entanto, teremos de aprender, incessantemente, a escutá-la. Esse desvio é necessário: ler Lévinas equivale, neste aspecto, à operação pela qual o rosto é desembaraçado da ganga petrificada de suas caricaturas.

Entretanto, ao pretender fazer sentir a necessidade preciosa deste tema, essa "colocação em perspectiva" acabou por atrasar demais a tentativa de restituição.

O *apelo do rosto, a exigência ética*

Para mergulhar no âmago do pensamento levinasiano a respeito da ética – pensamento que nos convoca ao apelo do rosto –, pode-se, talvez, proceder à tentativa de retomar o projeto de *Totalité et Infini*[4], a primeira grande obra de Lévinas, tal como ele é exposto no prefácio e na primeira seção desse livro.

A veracidade do real, de todo o ser e do ser em geral, é a guerra: esse é o dado mais originário, mais evidente. Todos nós começamos *na* e *pela* guerra: eis o que somos obrigados a constatar. E não por razões não essenciais e

---

4. E. Lévinas, *Totalité et infini*. Nijhoff (e, para as edições recentes, Kluwer), Haia/Holanda, 1961.

contingentes, mas porque a violência, a guerra, é a lei do ser, o que o define essencialmente.[5] Essa situação efetiva – característica de tudo o que é – reflete-se na filosofia em um conceito: o da totalidade. De fato, Lévinas apresenta aqui a guerra não tanto como o que machuca e mata – sem que, a rigor, ela deixe de ser isso –, mas como algo de que é impossível escapar. A guerra ameaça sem cessar: como o fogo que avança, ela é uma espécie de imensa potência de "devoração". Em poucas palavras, "ela instaura uma ordem em relação à qual ninguém pode distanciar-se. Nada é, desde então, exterior" (TI, XXX). Este aspecto é designado pelo termo "totalidade": a totalidade é o que não admite nenhuma exterioridade e contém tudo o que é, todos os seres, em si mesma. Assim, recusar a guerra não será "declarar-lhe guerra", nem tomar de empréstimo suas armas com a intenção de utilizá-las contra ela: na sua maneira de proceder, Lévinas não se serve de astúcias. Em seu entender, tal procedimento seria a pior derrota.

Instaurar a paz equivaleria a abrir e quebrar a totalidade: uma abertura que desfaça a totalidade, que destrua

---

5. Uma observação sobre esse ponto de partida, sobre o que suscita o esforço despendido pelo pensamento filosófico: ao pretender revelar-nos o rosto de Outrem como "originário" ao ponto de ser "mais antigo que qualquer começo", Lévinas sabe que a existência em sua banalidade cotidiana — se, porventura, ela "faz questão" do Rosto — não experimenta, em primeiro lugar, nem frequentemente, a abertura a Outrem — ou a abertura de Outrem — de acordo com o modelo do amor ou, simplesmente, da paz, mas, por razões que ele nos leva a descobrir como essenciais, a partir da violência e, por conseguinte, da guerra: "dura realidade, expressão que soa como um pleonasmo". Em outra oportunidade, Lévinas denunciará a situação da moral, que, em seu entender, se encontra à beira da tolice: para superar o risco decorrente dessa proximidade, sua coragem será posta à prova. Mas, o fato de que a preocupação inaugural, em *Totalité et Infini*, tenha consistido em apresentar o real como guerra e, assim, em enfrentá-lo a sua maneira e não em deplorá-lo ou negá-lo, terá evitado que, desde sempre, a ética levinasiana fosse absorvida pela efusão de bons sentimentos.

a guerra, o ser entregue a si mesmo e à sua sombria lei, eis o objetivo a atingir, o alvo em direção ao qual a busca deve ser orientada; e estas últimas expressões serão inadequadas se essa abertura, por desbordar a totalidade, não depender do gesto controlado e voluntário de quem está sob a influência do ser, de suas táticas e estratégias. Essa abertura – esse "estabelecimento de relação com um excedente sempre exterior à totalidade", com o Infinito, afirma Lévinas (TI, XI) – nos é ensinada pela escatologia profética, que, por conseguinte, é sempre escatologia da paz messiânica.

Essa é a temática que suscita a desconfiança dos filósofos que falam a linguagem do ser e a da verdade como conhecimento do ser. Desde então, no procedimento levinasiano, é preciso diagnosticar uma tensão, para não falar de um dilaceramento, em decorrência da dupla fidelidade em que ele está apoiado. Além de sua pretensão de ser totalmente filosófico, portanto, vinculado, se não ao ser (denunciado como guerra), pelo menos às exigências da argumentação e, afinal de contas, da evidência do discurso filosófico. Por outro lado, ele acaba designando a evasão para fora do ser, a ruptura da totalidade graças à relação com o Infinito, como o único meio de alcançar a paz; e acaba identificando a palavra em que se revela essa abertura como palavra profética que não se dobra às exigências – impostas pela filosofia – da argumentação racional.

A partir daí, o projeto levinasiano reformula-se deste modo:

> Sem substituir a filosofia pela escatologia, sem "demonstrar" filosoficamente as "verdades" escatológicas – pode-se remontar, a partir da experiência da totalidade, a uma situação em que se verifica a quebra da totalidade quando, afinal, essa situação

O rosto, a ética

condiciona a própria totalidade. Tal situação é o fulgor da exterioridade ou da transcendência no rosto de Outrem. O conceito dessa transcendência, rigorosamente desenvolvido, exprime-se pelo termo "Infinito". Essa revelação do Infinito não leva à aceitação de qualquer conteúdo dogmático; além disso, seria um equívoco fundamentar a racionalidade filosófica em nome da verdade transcendental da ideia de Infinito. Com efeito, a maneira de remontar e de se manter aquém da certeza objetiva que acaba de ser descrita aproxima-se do que, por convenção, é designado por método transcendental [...]. (TI, XIII)

Algumas páginas mais adiante, Lévinas escreve:

Esse questionamento de minha espontaneidade pela presença de Outrem é designado por ética. (TI, 13)

E praticamente no final do livro, pode-se ler: a ética (ou a moral – aqui, Lévinas utiliza indiferentemente um desses dois termos) "é a filosofia primeira" (TI, 281).

Comentemos essas passagens.

Assim, o encontro com a concretude do rosto de Outrem é que destrói a totalidade, desarma o guerreiro – ou seja, eu –, enquanto sou a lei do ser, enquanto, desde que nasci e existo, declaro a guerra, ameaço um outro qualquer, todos os outros, e a exterioridade em geral.

A esse propósito, é possível apresentar algumas observações. Trata-se de uma situação concreta. A ruptura da totalidade não se obtém pela argumentação conceitual porque esta depende daquilo mesmo que deve ser destruído. Fora do *logos*, e vindo desestabilizá-lo, a ruptura da totalidade depende do acontecimento e da concretude: eis o que significa o tema levinasiano do encontro com o *rosto* de Outrem, do face a face. Assim, o Infinito não está em parte alguma a não ser no rosto de Outrem (voltaremos ao assunto).

Segunda observação: a ruptura da totalidade, o questionamento da guerra, advém unicamente a partir de meu ponto de vista, para um Eu, e a partir dessa "focalização" interna; tal ruptura ocorre como questionamento de meus poderes, de mim próprio como "poder de poder", como vontade, liberdade e egoísmo fruidor. E "ética" é o termo que Lévinas atribui à relação, paradoxal e extraordinária, com o Infinito que consiste integralmente no questionamento de meu egoísmo pelo rosto de Outrem. Daí uma estranha impressão quando se lê Lévinas: nada é mais concreto que a injunção oriunda do rosto de Outrem, questionando meu poder, de forma exemplar, o poder que tenho de matá-lo, o poder do assassinato. O rosto de Outrem ordena a interdição do assassinato. Nada é menos formal que essa ética que consiste integralmente no encontro com o aspecto carnal do humano em seu rosto.

É tempo perdido procurar na obra Lévinas uma enumeração fastidiosa dos conteúdos da ética (deve-se fazer isto... ou aquilo); ou uma lei formal do tipo do imperativo moral kantiano[6] – já que a "experiência" do rosto é um acontecimento concreto, inclusive empírico. Entretanto, pelo mesmo impulso, o empírico ganha uma dimensão que, até então, a filosofia não lhe havia atribuído: em outrem, o que Heidegger designava como um "ente" (sempre secundário em relação ao ser) é elevado à dignidade de origem do sentido.

---

6. Trata-se do imperativo categórico — como tal, único e nunca subordinado a um objetivo que lhe fosse exterior — que consiste inteiramente na exigência de universalização da norma. Para Kant, o fundamento último da moral é conformar-se à seguinte lei: "Age de tal forma que a norma de tua conduta possa ser considerada lei universal".

Por essa mesma razão, a ética levinasiana poderá parecer, às vezes, abstrata a quem não souber entendê-la no que ela é: integralmente, "experiência" – e apenas uma experiência já que, por seu intermédio, submeto-me à prova do *desapossamento* [*déprise*] – do questionamento do egoísmo do eu; ela não é, de modo algum, um conjunto de preceitos que dizem o que deve ser feito em determinado tipo de situações.

Assim, a ética foi descoberta como "filosofia primeira"[7]: por essa expressão, Lévinas pretende que a ontologia, a teoria do ser, entregue a si mesma, não se basta pelo fato de que ela reflete, volta a representar e continua sendo a lei daquilo de que ela está falando, do ser, ou seja, a lei da guerra, na ordem do conceito, que, por sua vez, é sempre "captura" ["prise"] disso mesmo que é abordado por ele.[8] A paz só pode ser encontrada nesta subida além

---

7. "Ética como filosofia primeira", eis o título de uma das últimas conferências proferidas por Lévinas.

8. No fundo, trata-se de compreender que a maneira como Lévinas transforma a ética na filosofia primeira não consiste tanto em subordinar as esferas do ser e da teoria à esfera da ética, mas a desdobrar, de novo, integralmente a ontologia e a gnoseologia *como* ética ou na ética, no seguinte sentido: elas nada seriam além de incompreensões da ética que, como tais, *ainda* extraem inteiramente seu sentido da situação originária que é situação ética. Assim, em sua verdade, o ato teórico deixa de ser compreendido como um ato que tentasse "ver" o que se passa com o ser ou, então, que — esta é a sua versão moderna — atingisse o conhecimento ao objetivar.

Em Lévinas, o ato teórico é compreendido como se ele próprio fosse o prolongamento do trabalho de identificação do Mesmo a si mesmo; conhecer, "compreender" — etimologicamente, "segurar com seu punho" — equivale a reduzir a alteridade do conhecido. O fato de tornar-se *conhecimento* é, inclusive, a forma pela qual o Ser leva ao cúmulo seu empreendimento de redução de qualquer alteridade. Como o conhecer, enquanto redução ao Mesmo, não passa de uma feição do Ser, então, o próprio Ser deve ser compreendido, antes de mais nada, em termos pertencentes ao registro da prática e da sensibilidade: apesar do que se diz, às vezes, depreciativamente, não se trata de "metáforas"; nem é simplesmente uma forma de se exprimir quando se afirma que "o real

do ser, a partir do próprio ser. Aliás, essa busca da paz pode ser considerada uma motivação amplamente justificada e suficiente para um procedimento filosófico – e, nesta oportunidade, cabe a observação de que, à semelhança do movimento que se comprova pelo andar, Lévinas "comprova" a anterioridade da ética antes de tê-la "deduzido", colocando a exigência da paz acima da exigência da verdade, à qual havia sido reconhecida a prioridade desde a origem da filosofia ocidental.

Dito isto, em Lévinas, existe efetivamente algo como uma "dedução" – ele utiliza o termo, pelo menos, no livro *Totalité et Infini* – da ética, além de sua precedência. Lévinas chega mesmo a utilizar explicitamente, até certo ponto, um "método transcendental" que, no mínimo, consiste em remontar às condições que tornam possível um dado. Proceder assim é, em sua opinião, muito importante por garantir que ele continua fazendo filosofia no

---

é a guerra", que conhecer é "capturar" ou "apreender" e que um "ato", ainda que fosse cuidadosamente qualificado como teórico, só adquire seu sentido a partir de disposições afetivas e de comportamentos concretos (de "ações").

Assim, é particularmente significativo que Lévinas "retraduza" a noção de intencionalidade, fundamental na fenomenologia husserliana, em termos práticos e éticos, e, particularmente, como "desejo": enquanto Husserl diagnosticaria, sem dúvida, nesse aspecto, um risco de "psicologização" abusiva , nosso filósofo defende que deduzir o sentido dessa noção gnoseológica que, por sua vez, pretende descrever o modo de ser específico da consciência, só é possível ao relacioná-la com uma disposição afetiva que diga respeito à alteridade. De fato, em Lévinas, as noções de Ser e de Verdade significam apenas pelo que elas dizem — ou, antes, não dizem ou "dizem mal" — da exposição originária a Outrem. Compreende-se que o "movimento" da ética consista em inverter e, até mesmo, em derrubar o movimento de "captura" ["prise"] do teórico.

Convém sublinhar o seguinte: em vez de ter colocado a ética em posição mais elevada — ou seja, como mais fundamental — que a ontologia ou a teoria, a audácia de Lévinas consiste, antes de mais nada, talvez, em mostrar da forma mais radical que tudo o que se refere aos registros da ontologia e do gnoseológico deve ser retraduzido em termos práticos e éticos a fim de que sua autenticidade possa ser revelada.

O rosto, a ética

gesto mesmo de designar a precedência do além. Isso significa que há um momento de argumentação estrita no procedimento levinasiano que consiste em remontar (ou descer) em direção à *condição*.

Parece-nos que esse procedimento é bastante semelhante ao método utilizado por Kant, chamado "método apagógico sob a forma de *modus tollens*". A partir da constatação de um dado da existência, esse método consiste em explicar que, se é o que ele é, então, deve-se forçosamente pensar que tal dado implica esta ou aquela condição. Aqui, o procedimento filosófico significa adotar o único ponto de partida que se impõe, primordialmente, com evidência: o real é a guerra. Assim, deve-se considerar, enquanto dado evidente, a guerra como lei do ser. Ora, esse ponto de partida apoiado no ser, considerado em sua característica mais evidente, é que garante o caráter filosófico de um gesto e de um movimento que vão expor-se ao além do ser.

Então, em que aspecto a abertura ao Infinito que ocorre no questionamento desencadeado pelo rosto de Outrem é deduzida enquanto condição do ser como guerra – como se a paz se revelasse enquanto condição da guerra?

Parece-nos que, para esta questão central, é possível encontrar a resposta de Lévinas formulada, por assim dizer, em vários registros. Cada uma dessas versões desdiz e, ao mesmo tempo, acrescenta algo às outras; todas, talvez, confessem que são indispensáveis e, simultaneamente, insuficientes, manifestando assim a essencial ambiguidade do próprio conteúdo que escapa, definitivamente, a qualquer captura conceitual unilateral e, deste modo, convida não à incoerência, mas ao movimento rigoroso de um dizer e de um desdizer, de um *dizer incessantemente de outro modo*.

O primeiro argumento é – pelo menos, em parte – ontológico. Ele consiste em observar que, se a lei do ser é a guerra, então, essa lei é contraditória: "as armas voltam-se sempre contra aqueles que as seguram", diz Lévinas. Pura expansão, o ser, em sua tirania ou em seu imperialismo, voltar-se-ia contra si mesmo, "suicidar-se-ia", dissolver-se-ia no absurdo, desde que nada mais se oferecesse à sua captura. Qualquer vitória do ser, na sequência do triunfo, é, por definição, vitória de Pirro. Portanto, a totalidade – contrariamente, ao que se imagina à primeira vista – pressupõe ter sido, *desde sempre*, aberta.

Convém compreender bem esse argumento que não descreve uma sequência causal mundana e efetiva do seguinte tipo: se, concretamente, o Outro deixasse de existir, então a Totalidade, ou o eu tirânico que obedece à sua lei, teria desaparecido de vez. Infelizmente, como todo mundo sabe, a guerra total é possível e os homens são capazes de perpetrar as piores ignomínias. Podemos, de fato, viver a "guerra total", ou seja, a ausência concreta de qualquer relação autêntica com Outrem, sem nos apercebermos de que a única paz dada pelo Infinito, encontrada no rosto de Outrem, tornaria essa mesma guerra – o que continua vivo na vida do guerreiro – possível: eis o que, inclusive, se passa na maior parte das vezes; essa é razão pela qual Lévinas dizia que sua reflexão nada tinha a ver com as estatísticas.

No mínimo, isso significa o seguinte: em primeiro lugar, o *ego*, o eu, dado a si próprio por sua relação com Outrem, deve, para ser o que ele é, esquecer em certa medida essa relação: ele deve fruir e poder, assim como manifestar sua vontade. Há uma legitimidade desse "esquecimento" da relação com o Infinito, uma legitimidade do que Lévinas designa por ateísmo do eu. Em vez de negá-la ou denegri-la, essa etapa do ser-si-mesmo [*être-soi*] é considerada por ele como legítima e necessária. Mas, pelo mesmo impulso que se afirma a legitimidade, para um eu, da fruição e da intimidade do estar em si [*chez-soi*] – e, até mesmo, o que é ainda diferente, a legitimidade do poder e, ainda mais, da autonomia da vontade –, surge o risco de um esquecimento radical da relação autêntica com Outrem que o eu dá sempre a si próprio; portanto, surge o risco de que o Eu, à força de inflar-se, se transforme logo na arrogância da tirania, se rebaixe a si próprio aquém dele mesmo e desapareça no absurdo de um anonimato sem rosto no qual o eu autêntico, assim como o Outro, acabam soçobrando juntos por ser tão forte a dependência recíproca.

O procedimento adotado para apresentar esta descrição do argumento ontológico designa já sua ambiguidade. Existe um ontológico eficaz do Infinito e esse é o motivo pelo qual, em sua argumentação, Lévinas utiliza a noção decisiva de "criatura", ou seja, ser dado a si mesmo pelo Outro, sem ser sua própria origem, nem ter qualquer poder sobre a relação com sua própria origem, além de chegar sempre tarde demais para tomar a iniciativa nessa relação. Estamos na condição de criatura; ora, a característica da relação da criatura com o Infinito é a radicalidade da *separação*. A separação relativamente ao que me dá a mim próprio é absoluta – de tal modo que esse vínculo desvincula. Aqui, a separação estabelece a própria relação. De fato, a desmesura do Infinito "mede-se" por seu poder de me dar a mim mesmo com minha própria independência, com uma *interioridade* que resistirá a qualquer incursão – inclusive a dele próprio. Mas isso ocorre, justamente, porque o Infinito em sua exterioridade, que dá o ser, em sua fecundidade, não tem qualquer pretensão inquisitorial ao controle – diferentemente da Totalidade.

O Infinito é o contrário ou, até mesmo, o contraditório da Totalidade: esta é estéril e ameaçadora, ao passo que ele é fecundo e generoso, faz existir, ou seja, ser um outro com sua interioridade própria e inviolável pelo próprio criador. A relação na separação, em seu paradoxo, é a relação absoluta que, ao ter estabelecido o vínculo entre os termos, o eu em-si-mesmo e o Infinito, os libera um do outro e dá a cada um, assim, sua absolutidade. Relação que é radical pelo fato de não ser tirânica, nem reconduzir a si mesma. Absoluto quer dizer "sem vínculo": vínculo forte destinado inteiramente a quebrar qualquer vínculo e, desde então, que entrega a criatura a seu esquecimento do vínculo, a seu fruir, a seu trabalho no Mundo e a seu poder de ateia. Relação na descontinuidade – afirma, também, Lévinas. E todos esses aspectos são coerentes: de fato, é necessário ser um si mesmo suscetível de fechar todas as portas e janelas de sua casa, de seu poder e de sua fruição, para ser verdadeiramente suscetível de abri-las a Outrem, para ser suscetível da hospitalidade.

Entretanto, impõe-se uma observação: nas páginas de *Totalité et Infini*, Lévinas utiliza os termos "criatura" e, até mesmo, "criação" e "criador". Trata-se efetivamente – até certo ponto – de um argumento ontológico: nosso filósofo descreve perfeitamente a maneira como todo o ser em-si-mesmo é dado a ele mesmo. Mas, justamente, trata-se de descrever a maneira como a ontologia, por assim dizer, é dada a si mesma por aquilo que não é ela, a maneira como o ser é dado a si mesmo por aquilo que não é ele. Portanto, deve-se evitar "ontologizar" tanto a própria relação quanto o termo da relação que é o Infinito.

Eis por que determinados termos, tais como "criador" ou "criação", são equívocos – aliás, equivocidade perversa se correrem o risco de reificar o que, entretanto, não é um processo no ser. Eis por que, com efeito, o Infinito não é, de modo algum, uma *arkhé*, uma "origem" no sentido grego de "primeiro" – e não somente do ponto de vista cronológico, mas ontológico –, de "fundamento" ou de "causa". Eis por que a relação do Infinito com a criatura não é, de modo algum, uma relação causal de produção: o Infinito não é uma causa superpotente que faz existir as criaturas. Tal perspectiva nem sequer é levada em consideração, nem articulada como pertinente por Lévinas, no que concerne ao conjunto de sua reflexão. A relação com o Infinito é, no sentido estrito, "anárquica" e não causal. Ao descrever a relação entre o Infinito e a criatura, Lévinas recusa-se a reduzi-la a um argumento classicamente teológico; desde então, ele premune-se – ou, pelo menos, é afetado pela complexidade – relativamente à objeção segundo a qual sua abordagem seria de natureza teológica, em vez de filosófica.

Notar-se-á que a maneira como Lévinas evita, aqui, a crítica demasiado simples de "teologização" consiste precisamente em radicalizar o pensamento teológico da "criaturalidade" para tirar daí a própria consequência que impede de fazer a seu respeito uma leitura ainda ontológica: uma leitura segundo a qual seria questionada a criação – que, apesar de tudo, ainda era abordada em termos de uma causalidade – de seres particulares por um "super-ser" que seria *causa sui*, causa de si mesmo. Pela radicalização do pensamento teológico é que seria possível "superar" suas inconsequências e, desta vez, paradoxalmente, seria superado o que o tornaria incompatível com um procedimento filosófico.

Com efeito, desde que não se trate de uma relação ontológica, por exemplo, de natureza causal, descobre-se que o verdadeiro desafio é o do sentido, da significação que, finalmente, acaba por retirar toda pertinência à questão de um Deus criador, à questão da eficácia ontológica de um super-ser. Significamos como criatura; nossa vivência como tal tem sentido. Para Lévinas, a questão de saber se, efetivamente, existimos ou não, é destituída de pertinência. A maneira adequada de entender a relação da criatura com o Infinito consiste em compreender que o desafio é o da significação: a relação com o Infinito *dá um sentido* à criatura e ao Mundo no qual ela se insere; o que, em Lévinas, equivale a dizer que a relação com o Infinito permite escapar ao anonimato, como tal absurdo, do *há*, do substrato da existência indeterminada.

O desafio não é ontológico, ou seja, o da causa ou da origem, mas o da significação, isto é, no mínimo, da orientação. Assim, compreende-se a razão pela qual a história que narra a relação da criatura com o Infinito – para escapar, de alguma forma, à ameaça de uma redução ao argumento teológico e ontológico da criação de seres por um super-ser – deve ser retraduzida, desde sempre, em termos estritamente éticos do acolhimento do rosto: a relação com o rosto de Outrem, pelo mesmo impulso, permite-me ser eu próprio, dá-me uma interioridade e uma orientação.[9] O que pode ser retraduzido, ainda, por outras palavras: a relação com o rosto de Outrem justifica

---

9. Em coerência com o que acaba de ser dito, convém sublinhar que, nesta "relação", sou intimado e convocado, permaneço absolutamente passivo. O Outro — por ter questionado, desde sempre, minha existência — é que a suscita; ele é questionamento da minha espontaneidade de existir, da minha perseverança no ser e do "meu lugar ao sol" — expressão utilizada de bom grado por Lévinas, citando Pascal. Nesta "relação", o Outro é efetivamente, se quisermos, "ativo", enquanto o eu é "passivo". Entretanto, esta forma de se exprimir é demasiado imprecisa: o Outro não é, de modo algum, um "super-Sujeito", o Sujeito absoluto, que se dirigisse a mim com uma função de controle: se esse fosse o caso, a inversão da teoria em ética teria ocorrido sem qualquer radicalidade. Ela se teria contentado em reconduzir, de outro modo, a antiga e triunfante história do ser: sempre a mesma história do Mesmo. Para Lévinas, trata-se de derrubar a proeminência do Ser — e, assim, de fazê-la, literalmente, explodir — e não simplesmente de inverter o sentido da flecha relativamente à função de controle e os coeficientes de atividade e de passividade que, tradicionalmente, afetam os polos "sujeito" e "alteridade". No que diz respeito à questão de fundo, deve-se rejeitar tudo o que tem a ver com o vocabulário e com a rede semântica do Ser, ou o que, para Lévinas, limita-se a ser sua versão moderna, o Sujeito.

minha liberdade (sem deixar de questioná-la, desde sempre). A significação é justificação. O que é procurado – e, talvez, tenha sido encontrado por Lévinas – é a significação do reino do ser; além disso, a significação é reconhecida como justificação.

Assim, o questionamento da lei do ser, da guerra, é que lhe permite encontrar um sentido e, até mesmo, justificá-lo. Cuidado! Aqui, justificar não significa, de modo algum, legitimar os horrores da guerra que caracteriza tudo o que é; menos ainda, encontrar um sentido para todos os horrores que se produzem, mas, no questionamento e na interrupção dessas ignomínias, descobrir *o* sentido que ocorre, incessantemente, na relação com o rosto. A ética é efetivamente primeira (agora, compreende-se que esse termo deve ser entendido como algo completamente diferente de um estatuto de fundação) que faz significar o ser, e cada um no ser, que justifica, ou seja, que abre para a justiça, para o Bem e para o que é justo, no próprio movimento de questionar e interromper. – Desde já, sublinhemos que, no livro *Totalité et Infini*, "justiça" designa a retidão da relação com o Infinito e com o rosto; entretanto, mais tarde, Lévinas reservará essa palavra para outro tipo de relação ao levar em conta, antes de tudo, a pluralidade dos outros e não o face a face com o rosto de Outrem.

Ainda uma observação: esta descoberta da ética foi realizada, porventura, no único *lugar* que podia ter servido de ponto de partida, ou seja, o ser; e, graças ao procedimento que convém a esse *lugar*, ou seja, o rigor de uma "dedução" filosófica. A partir do ser é deduzido, rigorosamente, o Infinito em sua exterioridade que revela, desde sempre, sua "precedência" em relação ao ser, atribuindo-lhe um sentido e justificando-o. E, de forma coerente: a separação que caracteriza a criatura faz sua solidão, faz com que ela deva remontar – por intermédio, inclusive, de seu ateísmo – a filosofia, em direção ao que lhe é irredutivelmente exterior e lhe atribui sentido.

Assim, o "Dito" levinasiano, a propósito do rosto de Outrem, seria ameaçado por dois riscos simetricamente opostos: pretender ter acesso direta e, por assim dizer, *imediatamente* à significação, o que equivaleria a confiar-se exclusivamente à palavra profética; tal operação pode ser empreendida sempre, mas perdendo a virtude de universalização do procedimento filosófico. Inversamente, a exigência filosófica, como exigência de "dedução" que se realiza a partir do ser no qual somos absorvidos, corre o risco incessante de trair e "ontologizar" o que é abordado. Como vimos, a "teologia" tem a ver, de fato, com esse segundo risco. Por conseguinte, após a publicação de *Totalité et Infini*, Lévinas teve necessidade de buscar uma linguagem não contaminada pelo ser; libertação do ser e de sua linguagem que, entretanto, não pode ser simples, nem total. Ele não poderia abandonar, simplesmente, a exigência da argumentação racional da filosofia, mesmo que tivesse de expô-la, o mais radicalmente possível, a seu Outro e transformá-lo em testemunho dessa exposição.

Depois desta nossa tentativa de apresentar o projeto e a exigência da ética levinasiana, assim como a significação relativa à prova do rosto de outrem, gostaríamos de tentar descrever, de forma mais aprofundada, a relação com Outrem nos seus traços característicos.

A prova da relação com Outrem, tal como acabamos de caracterizá-la de forma sucinta, apesar de ser metafísica[10],

---

10. Lévinas coloca, às vezes, seu procedimento e o conteúdo abordado sob a orientação da "metafísica", que, porém, é considerada em um sentido completamente inédito: ele a entende não como um sinônimo, mas como a ruptura da ontologia. Essa reivindicação do "metafísico" suscitou algumas desconfianças, em particular entre alguns fenomenólogos... Cf., por exemplo, D. Janicaud, *Le tournant théologique de la phénoménologie française*, Combas, l'Éclat, 1991.

é absolutamente concreta já que o Rosto de Outrem me interpela, fazendo surgir, assim, minha ipseidade mais concreta e singular, a partir de sua própria concretude e singularidade, antes de qualquer conceitualização, antes da generalização mínima pressuposta pela linguagem. Certamente, Lévinas não escapa à dificuldade segundo a qual exprimir o absolutamente singular se faz já com um conceito geral, como tal. Seja como for, a escolha da noção de "rosto" apoia-se, em certo sentido, no seguinte: um rosto não se deixa definir sem oferecer resistência; ele é o que é, unicamente pelo fato de ter desestabilizado ou defasado o gênero no qual deverá ser classificado para reconhecê-lo.

Um rosto é considerado como tal no sentido em que ele tende a desbordar sua própria forma e, em primeiro lugar, a "forma" rosto. Eis por que ele surge "antes" de ser nomeado, e me convoca, produz-se como mensagem, "antes" de proferir uma palavra articulada e tematizante. Se é possível evocar, em geral, a prova do rosto de Outrem, convém lembrar que essa descrição eidética, essa descrição que visa a essência da própria coisa – necessária na abordagem filosófica – tem sentido apenas ao deixar ressoar em si mesma o encontro, sempre singular, com este rosto aqui. Ao falar-nos de Outrem, Lévinas afirma, em primeiro lugar, que a essência da relação com Outrem é portadora de significação apenas na prova, sempre concreta, com *este* Outro particular.

Eis por que a relação com Outrem – no momento em que ela desestabiliza e, até mesmo, interrompe toda fenomenologia por motivos consistentes que serão abordados no próximo capítulo – ainda pressupõe, na sua concretude e variedade, uma fenomenologia de suas diferentes feições ou de seus diferentes momentos que constitui uma verdadeira antropologia filosófica.

Aqui, não visamos percorrer exaustivamente a descrição empreendida por Lévinas sobre as diferentes maneiras da relação com Outrem – tanto mais que, de modo algum, elas se deixam articular em um sistema. Ao adotar a obra *Totalité et Infini* como fio condutor, contentar-nos-emos em sugerir algumas dessas maneiras – em particular, aquelas que são lastreadas de sentido... ou de aporias.

O *Outro e o Infinito*

O livro começa por considerar as noções de Outro (como absolutamente Outro), Transcendência, Infinito, em vez da relação com Outrem. A tarefa da obra é identificada, em primeiro lugar, nos seguintes termos: trata-se de mostrar – voltamos a citar – que "sem substituir a filosofia pela escatologia, sem 'demonstrar' filosoficamente as 'verdades' escatológicas – pode-se remontar a uma situação na qual a totalidade se rompe quando, afinal, essa situação condiciona a própria totalidade" (TI, XIII). No início deste capítulo, tentamos acompanhar o procedimento de Lévinas pelo qual ele mostra não só a possibilidade, mas ainda que é impossível evitar tal tarefa. Não voltaremos ao assunto. Agora, gostaríamos de sublinhar que não é óbvia a passagem do Outro [*Autre*], do Infinito, para Outrem [*Autrui*]. E sobre essa questão, dá a impressão de que os textos de Lévinas embaralham as pistas.

Identifiquemos, em primeiro lugar, a rede de problemas: será que Lévinas descreve a originalidade absoluta do outro homem ou, antes, do Infinito? Se essas duas "realidades" se conectam no rosto de Outrem, formula-se a questão crucial de saber como isso ocorre. Mas, previamente, o que é esse Infinito? Será diferente daquilo que a tradição monoteísta designa por Deus? É possível verificar as implicações relacionadas com o rigor conceitual desse pensamento e com sua capacidade para descrever, de forma clara e distinta, os temas abordados; mas também com o grau de resistência que ele poderá oferecer a uma leitura redutora que viesse a transformá-lo em um discurso edificante, na expressão de um sentimento religioso de natureza monoteísta que, pudicamente, estivesse coberto por um tênue revestimento de filosofia.

Antes de mais nada, Lévinas parece que se nega a ajudar-nos em nossa pesquisa porque, nos seus textos, "passa-se" do Outro, do Infinito, para Outrem e/ou para Deus através de um encadeamento que poderá parecer uma ambiguidade confusa quando, afinal, ele possui – pretendemos fazer, imediatamente, essa demonstração – o rigor consistente de uma ambiguidade reivindicada.[11]

Em primeiro lugar, o que "é", portanto, esse Infinito que, desde sempre, vem quebrar a totalidade? A única resposta consequente para esta questão: ele *não é nada*. Ao interromper o esforço originário de todo o ser para ser, ele mesmo não é *nada* (não é existência, nem essência, nem substância). Ele não está em parte alguma, salvo na sua força de interpelação do que é, no vestígio de uma reviravolta que, porventura, tenha ocorrido na paisagem serena das coisas que existem: o que precisamente se chama um rosto. No entanto, pode-se perguntar se é possível resolver,

---

11. Acompanhar o trabalho da ambiguidade no texto levinasiano — a ambiguidade, muitas vezes, explicitamente reivindicada, para não dizer tematizada, por Lévinas — é, de acordo com o que acabamos de afirmar, uma das melhores maneiras de fazê-lo significar, de tentar esclarecê-lo em sua capacidade de significar sempre de outro modo e, no entanto, de forma rigorosa. Cf. Jacques Rolland, que foi o primeiro a enfatizar e a colocar em perspectiva a noção de ambiguidade em Lévinas, particularmente, em "Une logique de l'ambiguïté", in *Autrement que savoir, Emmanuel Lévinas*, Paris, Osiris, 1988, p. 35-54.

com a mesma facilidade, o problema relativo ao ser do Infinito. Contrário ou contraditório do ser, será que o Infinito ainda não *é* de alguma forma? Força performática, sopro ou inspiração – de acordo com os termos utilizados algures por Lévinas – já que ele produz um efeito no ser, será que o Infinito ainda não *é* à sua maneira? Parece-nos que se pode ler, em Lévinas, que o Infinito – por não estar em parte alguma, salvo na reviravolta que ele inflige à imanência do ser – toma de *empréstimo*, por assim dizer, um ser por este último que o submete à prova.

Sem contradição, pode-se aceitar essas duas afirmações: o Infinito, se é o Infinito, se não há fraude relativamente à absolutidade de sua alteridade, não é *nada*, ele não *é*; no entanto, de acordo com nosso ponto de vista, nós que surgimos no ser, nós que *somos*, ele *é* ou, mais exatamente, ele se dá; ele se dá na prova que o submete à prova – e que é a prova do encontro com um rosto. Ele não é nada além da interrupção do reino do ser; e a interrupção tem uma maneira de ser na ferida – desde sempre, na cicatriz – que ela deixa exatamente no lugar em que, por definição, nunca será possível encontrá-la pessoalmente. Portanto, ele se dá na decepção relativamente à expectativa da presença ou, no sentido estrito dos termos, ao constituir-se como a própria prova da não doação. Eis por que, na segunda grande obra de Lévinas, *Autrement qu'être ou au-delà de l'essence*, as noções de vestígio e de eco serão decisivas: o Infinito nunca se dá diretamente – por estar destituído de qualquer presença plena e identificável –, mas dá-se *indiretamente* ao vir desestabilizar e, até mesmo, interromper o circuito no qual o ser frui por se dar a si mesmo.

Em relação aos problemas que estamos abordando, podemos tirar duas consequências importantes.

Em primeiro lugar, quando Lévinas diz "Deus" para se referir ao Infinito, deve-se compreender que Deus, no sentido estrito do termo, é nada; ele não pode ser identificado como um ente, mesmo que fosse mais perfeito que todos os outros, absoluto. Desde então, o Deus em questão deve escapar a qualquer teologia, ou seja, a qualquer tentativa que o identificasse com sua existência ou, no mínimo, viesse a apoiar-se nela a título de *positum*, de positividade dada, para se desdobrar como seu conhecimento. O primado da ética, no sentido preciso definido mais acima, significa também, em Lévinas, o seguinte: Deus não é um Ser, mesmo que fosse perfeito ou supremo, que tivéssemos de conhecer – mesmo que esse conhecimento fosse especificado como teologia. "Deus" é uma palavra que só *significa* em contexto ético. Uma palavra para significar justamente que, na prova ética, o Outro é o que escapa sem cessar; é o que, como tal, desborda qualquer totalização, qualquer ideia que alguém pretendesse fazer a seu respeito. Em última análise, poderíamos dizer que, em Lévinas, é "Deus", de preferência, quem adquire sentido a partir de Outrem e não o contrário: Deus é o nome que designa o desbordamento de Outrem em relação a qualquer forma de si mesmo e, pelo mesmo movimento, a qualquer controle que eu pretendesse ter sobre ele.

Neste sentido, a palavra "Deus" só significa ao designar o *desbordamento* de Outrem. Mais exatamente, há simultaneidade entre Deus e Outrem. "Deus" (não) sendo (senão) o termo que *significa* a especificidade que faz de Outrem o que ele "é", o termo que designa o que em Outrem se recusa a ser plena presença, se recusa à determinação totalizante de uma forma ou de uma essência e que, desde então, se oferece como uma presença desestabilizada – e, portanto, desestabilizante, evadindo-se já: um rosto.

Por essa evocação relativamente ao sentido de Deus, em Lévinas, por essa evocação de que Deus é algo do *sentido* e não do ser, não pretendemos evitar o questionamento sobre as relações entre a filosofia, por um lado, e, por outro, a teologia, a religião ou a fé (que, de modo algum, são suscetíveis de sobreposição). – Teremos a oportunidade de voltar a este assunto de forma mais detalhada. Sem dúvida, alguns textos levinasianos podem ser lidos, sob uma perspectiva mais clássica, como se estabelecessem a partilha entre a Transcendência e o Rosto que a acolhe e a manifesta, como se pensassem o Rosto enquanto expressão do que, antes de tudo, lhe seria, de certa maneira, exterior. Seja como for, Deus ou o Infinito *nada* têm de ente, mas "são" o que afasta a presença plena do ser de si mesma, fazendo-a assim *significar*. Quando se aborda a questão da teologia em ação na filosofia levinasiana, não se deve esquecer que o lugar originário de Deus é a ética. "Deus" não é nada, ele faz sentido, além de ser o nome do sentido em ação nas situações concretas da vida.

A partir daí, a suspeita segundo a qual o Outrem levinasiano estivesse subordinado, por assim dizer, a uma realidade que lhe seria exterior, anterior e superior – Deus –, da qual ele seria apenas o intermediário, perde nitidamente sua pertinência. O rosto não é a maneira pela qual o invisível consentisse a anunciar-se no visível. Os termos "revelação" e "expressão", utilizados por Lévinas em *Totalité et Infini*, significam precisamente – no seu texto – a recusa de pensar Outrem como encarnação de uma surrealidade invisível, de um ser além: o revelado e a revelação, o Infinito e sua expressão no Rosto, não têm – um relativamente ao outro – uma existência autônoma; portanto, propriamente falando, não têm exterioridade recíproca.

Dito isto, é necessário, no entanto, o desdobramento entre o Infinito e o rosto de Outrem, precisamente para que cada um impeça o outro de se identificar, de se "petrificar", em um ente: o Infinito e o rosto "desidentificam-se", incessantemente, um com o outro. É por essa razão que eles não são uma única realidade (Deus mostrar-se-ia no Visível, enquanto o homem projetaria uma imagem de si mesmo para além do plano da imanência no qual ele se situa), nem duas realidades (a realidade da Transcendência divina e a realidade do humano), mas o próprio processo de "desessencialização", de inspiração, de desestabilização do real, que o faz significar.

Assim, mesmo que não tenha sido resolvida a questão da ambiguidade das relações entre o Infinito e o rosto de Outrem, foi revelado – essa é a nossa expectativa – o rigor da relação irredutivelmente ambígua pela qual esses dois motivos estão vinculados um ao outro.

Após este esclarecimento, compreende-se que – considerando que a relação com o Infinito é, desde sempre e também, relação com a humanidade do rosto de Outrem a partir da humanidade de minha própria subjetividade – seu caráter não teórico se manifeste, imediatamente, na espessura antropológica da *sensibilidade* e da *afetividade*.

O rosto nas suas diversas figuras

Antes de mais nada e, fundamentalmente, tenho desejo do Infinito. Aliás, a relação com o Infinito instaura-se, desde sempre, como Desejo, que, a partir dessa dimensão inaugural, resta como sua dimensão fundamental. O que é, portanto, o Desejo? Em vez de relação teórica de representação do que, desde então, será representado, ele surge a partir do corpo e da sensibilidade: neste sentido, ele opõe-se a tudo o que possa assemelhar-se, de perto ou de longe, a um "puro pensamento". Entretanto, inversamente, Lévinas tem a precaução de estabelecer a distinção entre Desejo do Infinito e desejo corporal e carnal para transformá-lo em um Desejo propriamente metafísico – "Desejo sem concupiscência", de acordo com a expressão utilizada, às vezes, em seus últimos textos. De fato, o desejo sexual, designado como Eros – sem se reduzir a esse aspecto; voltaremos ao assunto –, está "comprometido" com a necessidade.

Relacionada com o corpo biológico, a necessidade corresponde às funções vitais (beber, alimentar-se...): longe de aparecer como uma libertação da influência do que é, do que existe, em uma verdadeira abertura *para* e *pela* alteridade, as necessidades levam a atolar-se entre as coisas. Elas são aquilo com o qual o Si do sujeito se identifica como um si mesmo ao alimentar-se das coisas disponíveis (ao alcance da mão). De forma mais precisa, o Si *separa-se* como um si mesmo no próprio movimento pelo qual ele se torna dependente dos elementos de que tem necessidade. Portanto, a necessidade sexual não passa de uma feição da identificação que produz a identidade do Si no controle e no consumo do que, desde então, não é experimentando como Outro (neste sentido, o objeto da necessidade sexual não é Outrem). Assim, à semelhança de todas as outras funções do corpo biológico, a necessidade sexual está, porventura, muito mais próxima do ato de representação objetivante – todos exercem uma função de controle – que do Desejo. Ora, em Lévinas, Desejo e necessidade definem-se, explicitamente, em sua oposição recíproca: o aspecto decisivo é que o Desejado torna o fosso ainda mais profundo exatamente onde o objeto da necessidade desborda seus limites. O Desejo revela-se como tal no sentido em que ele é o puro apelo daquilo que só lhe responde ao prolongá-lo *infinitamente* como apelo.

Em vez de nos dizer simplesmente, e na esteira de muitos outros autores, que o Desejo é, por definição, decepção – aliás, não há desejo além do desejo frustrado –, Lévinas nos ensina, de preferência, que o Desejo em sua integralidade constitui um paradoxo que desafia a lógica binária e aristotélica da potência e do ato. De fato, por estar vazio e não repleto é que o Desejo se experimenta como satisfeito, realizando-se assim absolutamente. E pelo mesmo impulso, a subjetividade desejante experimenta-se como *ela mesma*, é dada a si mesma, muito mais autêntica em seu Desejo infinitamente vazio que em sua necessidade plenamente satisfeita.

Dizer que o Infinito se dá ao esquivar-se, se isso não passa de uma forma de falar, significa precisamente que, em vez de ser o interlocutor do Desejo, o Infinito situa-se, de preferência, no próprio fosso infinito, escavado pelo Desejo – este, de fato, nada é além desse mesmo fosso: o Desejo realiza-se como Desejo ao estar vazio, a subjetividade realiza-se como subjetividade ao ser aberta infinitamente pelo Infinito encontrado no rosto e desejado sem concupiscência. O pensamento levinasiano do Desejo não constitui uma apologia da frustração: no sentido estrito dos termos, o Infinito dá-se em sua não doação.

Assim é descrita, em *Totalité et Infini*, a relação inaugural com o Infinito. E esse "desejo sem concupiscência", como veremos, faz-se imediatamente significação como linguagem, que, por sua vez, é reconhecida, finalmente, em sua autenticidade. O exemplo genuíno da relação com Outrem é, desse ponto de vista, a relação do discípulo com o Mestre.

Convém insistir, em primeiro lugar, sobre o fato de que, se o Outro não está em parte alguma, salvo em seu rosto, é porque ele me encara[12], vem à minha procura, fixando-me na minha identidade ao questioná-la: ele me convoca, me interpela; e, dessa interpelação, *eu* passo a existir. A iniciativa da relação com Outrem incumbe ao Outro e, de modo algum, a mim próprio (entretanto, o Outro não é, de modo algum, um poder de iniciativa, uma figura do sujeito substancial e voluntário). Essa relação pode ser descrita com os termos do olhar (Lévinas, às vezes, adota esse procedimento: o olho perscrutador de Outrem é que vem à minha procura, arranca de mim uma resposta, inclusive eu próprio em sua integralidade como resposta: "eis-me aqui"). Fundamentalmente, ela tem a ver com o acontecimento do aparecer. No entanto, pelo mesmo movimento, essa relação "fenomenológica" – em que o aparecer é levado em consideração – é já linguagem; com a condição de que esta, tendo sido descoberta como algo de espontâneo através da relação, deixe de ser compreendida como ocorre habitualmente. O importante na linguagem não é que ela seja poder lógico-linguístico, tampouco que ela esteja, por assim dizer, imantada à distância pela referência ao real (até mesmo quando, em alguns de seus usos, ela se recusa, simplesmente, a refleti-lo), tornando-se, para resumir, uma preocupação semântica que se articula em uma sintaxe. Em vez disso, Lévinas nos revela a linguagem como se ela se situasse integralmente em seu poder performático, exclusivamente em seu uso pragmático.[13]

---

12. No original, *envisage*: forma verbal formada a partir do substantivo *visage* (rosto). [N. T.]

13. Ao utilizar as noções "performático" e "pragmático", visamos apenas o poder da linguagem, não simplesmente para descrever o que é no Mundo, ou os acontecimentos que se produzem nele, mas para "fazer", "fazer existir" (quando digo "a sessão está aberta" é o próprio pronunciamento do enunciado que abre a sessão).

A linguagem é um poder que faz existir; e, especificidade levinasiana, ela faz existir ao fraturar, traumatizar violentamente, aquilo que ela leva a existir. Na relação com Outrem, na mensagem originária que o Outro me envia, o que conta, em primeiro lugar, nunca é o conteúdo da significação de algo como um enunciado, nem o problema de sua eventual adequação com a realidade. Com efeito, a linguagem não deixou de ser o lugar do sentido – aliás, mais do que nunca, ela o mantém; no entanto, o encontro com Outrem, instaurando todo o sentido, ensina-me que este não é o que se possa imaginar. O sentido em sua integralidade surge no encontro com Outrem, enquanto este encontro não depende de mim, mas é suscitado por uma mensagem, uma injunção, uma interpelação: se a linguagem significa, é porque tudo o que "é linguagem" apoia seu poder, visível ou não – e apesar de ser votado, frequentemente, ao esquecimento –, no fato de provir de um ato performático colocado exclusivamente sob a orientação do vocativo que, por sua vez, deixa de ser um caso entre outros. Como marca da interpelação, ele desentroniza o nominativo e o acusativo – o sujeito e o objeto – de seus papéis dominantes já que se trata precisamente de indicar que o sentido ocorre fora da descrição do ser substancial, "antes" dele, e no questionamento, na interrupção originária, de seu reino.

Desta análise, vamos extrair, de forma fortuita, a confirmação de que a ética como encontro originário com Outrem é designada como "primeira", não porque se trate de dizer que o importante é "o sentido da vida", de preferência ao desvelamento do que está na teoria, mas porque a ética é reconhecida como o lugar original de todo o sentido, de toda a significação. Ao designar os limites da preocupação do ser e do verdadeiro, a ética levinasiana nem por isso reflui para uma região estritamente limitada da filosofia que fosse uma meditação sobre os fins da ação e da vida humanas, e/ou a arte da conduta adequada. Ao designar a ética como "filosofia primeira", Lévinas não utiliza o sentido tradicional atribuído à filosofia que incide sobre o fundamento, mas pretende traduzir o seguinte: é somente a partir da atitude ética que o aparecer significa.

Além disso, se "ética" devia continuar significando, em Lévinas, uma meditação sobre o sentido da vida ou sobre a arte da conduta adequada, seria extremamente contestável apresentar, como ocorreu na esteira de Lévinas, a filosofia, desde – e, sobretudo, em – sua origem grega, como subordinação da ética ao teórico. Não será que a apresentação do sistema da filosofia por alguns estoicos, por exemplo, transforma a ética no âmago e objetivo das outras partes da filosofia (a gema no interior do ovo, protegida pela casca de sua teoria – de acordo com o que é afirmado, às vezes, por eles)?[14]

Mais fundamentalmente ainda, o ideal de *sabedoria* socrática, da qual Platão se tornou o porta-voz, não será orientado, *em primeiro lugar*, pela questão "como viver?" – como viver (e morrer) na harmonia e serenidade? Sem dúvida, mas o que deve ser observado é que, em Platão, a ética como arte de viver é fim último da prática da filosofia somente pelo fato de que, justamente, a autêntica ética é apenas aquela que descobre que seu conteúdo deve ser inteiramente teórico, ou mais exatamente, deve ser a teoria como tal: a tal ponto que a ética realiza-se por sua anulação na teoria que, por assim dizer, a absorve. O sábio, ou seja, aquele que sabe viver segundo o Bem, só o é uma vez que é sábio, ou seja, aquele que *sabe*, aquele que tem acesso à contemplação das Ideias, à *Theoria*.

---

14. Cf. Frédérique Ildefonse, *Os Estoicos I* (Zenão – Cleantes – Crisipo), São Paulo, Estação Liberdade, col. Figuras do Saber, vol. 17, 2007.

Ou, dito por outras palavras: se a questão ética do "como viver" é efetivamente aquela que, em primeiro lugar, atormenta o filósofo, incitando-o a filosofar, o fato de percorrer o caminho filosófico ensina, afinal de contas, que a "sabedoria ética" é consequência da "sabedoria teórica" – se é que podemos nos exprimir deste modo. Mais exatamente, a *Theoria* é que vem apaziguar a preocupação ética, responder à questão "como viver?", saturando-a. A questão ética do *como viver* interrompe-se ao encontrar sua resposta na *Theoria*, na vida segundo o pensamento verdadeiro que se impõe como o único gênero de vida que convém à harmonia consigo e com o Ser.

No termo desta análise, o diagnóstico levinasiano aparece fundamentado. O que lhe serve de fundamento é sua radicalidade: em sua origem platônica, pelo menos, a ética não está tanto subordinada à teoria, mas absorvida nela. A única maneira autêntica de viver consiste em viver segundo o Verdadeiro, ou seja, coincidindo com o Ser – para não dizer, tendo seu fundamento nele. Inversamente, ele torna-se tanto mais significativo uma vez que a ética levinasiana, além de subordinar a teoria à ética, ainda nos faz compreender que a teoria não tem, por assim dizer, existência autônoma, em si e por si, que ela nada é além de uma modalidade derivada e uma degradação da vida ética originária.

E tal reviravolta só é possível a partir do que foi mostrado: viver autenticamente – enquanto viver tudo, originariamente, é ética – não é coincidir com o Ser, nem retornar a ele na passividade da contemplação, à semelhança do que ocorria com o antigo pensamento platônico, e ainda menos pretender ativamente persuadi-lo no ato de representação e de objetivação, como acontece com a filosofia moderna; mas é preocupar-se com o Outro, contanto que essa preocupação consista em uma exposição originária ao Outro que, desde sempre, tem vindo inquietar minha essência e questionar meu direito a existir.

A partir da análise levinasiana sobre a linguagem que acabamos de evocar, torna-se compreensível, sobretudo, o motivo pelo qual a relação do ensino pôde ser apresentada, por Lévinas, como o exemplo da relação com Outrem, desde que a relação do mestre com o discípulo venha a revelar-se, pelo mesmo impulso, em sua autenticidade.

Não há ensino fora de uma palavra magistral, ou seja, uma palavra que identifica o sujeito que a recebe e a experimenta ao abri-lo para a dimensão do sentido. A palavra do mestre faz estremecer, no sentido estrito, ela traumatiza: ao questionar a identidade do sujeito, ela o dá, assim, a ele próprio. É claro que, para Lévinas, a identidade a si mesmo só é dada na violência de um trauma, correndo o risco da destruição. Tendo sido interpelado, deste modo, o discípulo, pelo mesmo impulso, dota-se de olhos, desvenda-se.

O acontecimento que o situa como sujeito faz *significar* a realidade para ele, ou seja, esse acontecimento leva-o a experimentar a aparição do que é, ao fazer vibrar o espetáculo – desde sempre, petrificado em substâncias individuais – do mundo. No sentido estrito, a relação de ensino faz nascer o sujeito a si próprio e ao Mundo, de forma bastante paradoxal, ao interromper a quietude do si e a quietude substancial das coisas, a quietude do eu entre as coisas.

Essa palavra é magistral no sentido em que, desde sempre, ela me precedeu – pelo fato de me interpelar no sentido mais radical do termo: a partir dela é que eu me recebo e recebo o Mundo. O mesmo é dizer que o Mestre fala a partir da dimensão em plano elevado que significa uma assimetria fundamental e estrutural. Não somos intermutáveis.

O sujeito recebe-se de Outrem no Desejo que o torna vazio, além de receber já o sentido e a linguagem na interpelação inaugural pelo Outro. No entanto, Lévinas sabe, com toda a certeza, que para se receber de Outrem, é necessário poder acolhê-lo. Deixar-se abrir e esvaziar-se – dar seu pão a Outrem – pressupõe, em certo sentido, que se tenha já algum pão. Depois de ter apaziguado suas necessidades e de ter fruído, *previamente*, dos alimentos do Mundo (o Mundo é precisamente a alteridade não radical, aquilo que se pode utilizar e consumir para satisfazer suas necessidades – o terreno em que prossegue, incessantemente, a imanentização a si mesmo), é que um sujeito pode, *em seguida*, dar seu pão.

Neste momento, não vamos insistir no assunto, mas convém observar que, se Lévinas propõe uma inegável prioridade originária do Outro sobre o sujeito – já que o Outro permite que eu próprio me esvazie –, inversamente, é necessário que eu seja eu próprio, alimentando-me do Mundo e fazendo-me existir, deste modo, *a partir do* meu consumo dos alimentos terrestres, para ser suscetível de acolher o Outro que, no entanto, me precede. De acordo com o ponto de vista adotado, o fato de dizer que a subjetividade em sua imanência precede, desde sempre, a transcendência do Outro é tão legítimo quanto o contrário.[15]

Desde então, o sujeito, enquanto ele deve poder não se preocupar com o Outro – para precisamente ter o poder de

---

15. No que concerne à subjetividade do Si e à alteridade do Outro, cada uma é originária da outra, em conformidade com o ponto de vista adotado: ora, isso só é aceitável sem contradição desde o momento em que se compreenda que, na relação entre as duas, não se trata de uma derivação ontológica ou lógica, nem, evidentemente, de uma simples sucessão cronológica. Esse questionamento é aprofundado no nosso livro *L'épreuve de la limite: Derrida, Henry, Lévinas et la phénoménologie*. Paris: PUF, "Bibliothèque du Collège International de Philosophie", fevereiro de 2001.

manifestar, "em seguida", tal preocupação –, é sujeito do mesmo movimento feliz e ateu. Com efeito, a felicidade é isso: a vulnerabilidade (o pão pode vir a faltar) que, no entanto, não chega a corroer o enrolamento do si sobre si próprio na fruição de ser si mesmo, ao desalterar-se na fonte do que Lévinas designa por elemental – a "alteridade relativa" a partir da qual "surge" a imanência, fruindo de si mesma no próprio âmago de sua vulnerabilidade.

O elemental é o meio em que se frui de si mesmo, em que o si é em sua independência – em sua separação, insiste Lévinas – a partir de sua própria dependência (ao fruir de meu pão, só consigo fruir de mim próprio com a condição de que o pão, por ser o que é, pode ser arrancado a mim ou vir a faltar). Acabamos de descrever, precisamente, a felicidade na qual e pela qual tenho acesso à interioridade. E a felicidade é ateia no sentido em que, de determinado ponto de vista, ela precede a prova do Infinito.

Assim, na ética levinasiana, existe efetivamente um espaço predileto para a fruição e para a felicidade. Observemos, de passagem, que a felicidade e a fruição do Si pressupõem o Mundo ou, no mínimo, o elemental: a imanência do si, por ter necessidade de se alimentar, pressupõe o horizonte de um Mundo.

Portanto, seria caricatural e inexato, não só reduzir a ética levinasiana à apologia do traumatismo, até mesmo do sofrimento advindo da responsabilidade, mas também resumir essa filosofia a uma conversa a dois, um face a face entre o Eu e Outrem, entre a subjetividade e o Infinito, entre a imanência do si e a Transcendência, incapaz de dar um estatuto ao Mundo dentro de seus próprios contornos. E nunca poderá ser suficientemente sublinhado que a possibilidade de atribuir um estatuto e uma dignidade filosófica, por um lado, à

Felicidade e, por outro, ao Mundo mostra sua estrita conexão – inclusive, em certo sentido, sua identificação –, se a Felicidade se delineia a partir do Mundo em segundo plano, e se este é, em determinado sentido, promessa da Felicidade.

Indiquemos ainda com precisão que a tonalidade feliz não se limita a *preceder*, de determinado ponto de vista, a relação com o Outro que, pelo fato de ser essencialmente traumatismo, mergulhar-nos-ia na infelicidade e, simultaneamente, na responsabilidade – as preocupações da preocupação com Outrem. Em vez disso, a relação com Outrem como tal pode ser também aureolada de felicidade e, até mesmo, a origem de certo tipo de felicidade bem particular: a volúpia.

Eis o que se aprende ao acompanhar as análises surpreendentes sobre o erotismo e a feminilidade que se pode ler na parte final de *Totalité et Infini*.

Nesse livro, o erotismo aparece como uma modalidade do além do Rosto que, de acordo com os próprios termos de Lévinas, consiste, de preferência, em um aquém do Rosto já que a relação erótica com Outrem envolve, por assim dizer, o Rosto (o Outro como tal) no corpo como artigo consumível por uma necessidade sexual; inversamente, tal relação já é pressentimento da alteridade de Outrem no âmago de seu embotamento entre as coisas manipuláveis e consumíveis do Mundo. O eros, o erotismo, consiste precisamente no seguinte: a partir de seu próprio âmago, a necessidade sexual faz sinal ao Desejo – no sentido preciso que acabamos de evocar –, excede-se em relação a ele e, ao mesmo tempo, já o encobre.

O erotismo extrai seu valor dessa *equivocidade* fundamental: por seu intermédio, é possível entrever a alteridade de Outrem; e ao despontar, por seu intermédio, ela já se esquiva. A feminilidade, associada ao erotismo, faz com que, propriamente, essa alteridade permaneça inacabada. E, aqui, talvez seja necessário constatar, em Lévinas, a distinção entre mulher e feminilidade. Como ocorre no lar, o homem está "em si"[16] junto à (sua?) mulher. A mulher é um outro apenas outro – assim, "casar-se"[17] é um acontecimento menos radical que ter um filho (como veremos, imediatamente, este é a concretização da mais radical alteridade); mas, desta vez, ela é, por assim dizer, uma feição "repousante" – no sentido de que não desestabiliza demais – da alteridade... Por sua vez, a feminilidade envolve a alteridade de Outrem ao exibi-la no corpo. Apelo à volúpia, a feminilidade impele a alteridade de Outrem para seu contraditório, a não significância absoluta: neste sentido, ela é absolutamente inquietante.

Sempre ambíguo ou equívoco, o pensamento de Lévinas também o é, aqui, de uma forma particular e exemplar. Vamos escutá-lo:

> Nesta inversão do rosto pela feminilidade – nesta desfiguração que se refere ao rosto – a não significância apoia-se na significância do rosto. (TI, 240)

Entretanto, essa profanação pelo Eros do rosto, considerado no corpo feminino, pressupõe ainda, e mais do que nunca, a significação do rosto, por assim dizer, revelando

---

16. No original, *chez soi*; tradução proposta por Ricardo Timm de Souza, in *Sujeito, ética e história: Levinas, o traumático infinito e a crítica da filosofia ocidental*, Porto Alegre, EDIPUCRS, 1999, p. 126. Ou, ainda, como é sugerido por Luiz Carlos Susin, in *O homem messiânico: uma introdução ao pensamento de Emmanuel Lévinas*, Porto Alegre, EST/Vozes, 1984, p. 50: "está em si mesmo como em casa própria". Habitualmente, essa expressão é traduzida por "em sua casa". [N. T.]

17. No original, *prendre femme*, literalmente, "tomar mulher". [N. T.]

seus traços. A não significância do lascivo pressupõe e sublinha a significação do rosto que é encoberta precisamente por sua exagerada exibição:

> A indiscrição em que [o rosto] permanece misterioso e inefável confirma-se precisamente pela exorbitante desmedida dessa indiscrição. Somente o ser que tem a franqueza do rosto consegue "descobrir-se" na não significância do lascivo. (TI, 238)

Ou ainda:

> Assim, a nudez erótica é como uma significação do avesso [...]. (TI, 241)

O Eros, como desejo sexual, envolve, portanto, o Desejo do Infinito na necessidade – e já excede a necessidade em direção ao Desejo – ao profanar o rosto, ao dirigir-se para essa profanação do rosto em que se mantém o rosto que é a feminilidade. Desde então, o Eros, em seu equívoco, inverte o Desejo, mas garante assim sua continuidade, do mesmo modo que a feminilidade inverte o rosto, contendo-o, assim, nela, mais do que nunca. A feminilidade esconde o rosto ao submergi-lo na exibição do corpo; mas, precisamente nesse aspecto, ao sublinhar que ele se recusa ao visível, é que a feminilidade implica mais do que nunca o caráter próprio do rosto.[18] Assim, como contato sensível, a carícia é a prova do equívoco em que o rosto de Outrem se esconde e se retira no próprio movimento em que o corpo se oferece no exibicionismo – e, talvez, inclusive na obscenidade. Eros em movimento, em certo sentido, apelo à plena satisfação

---

18. No original, *viséagéité*, termo forjado a partir de *visage* (rosto). [N. T.]

e à saciedade, a carícia alimentava-se, com efeito, de sua própria fome... *como* o Desejo sem concupiscência do Infinito – aliás, ponto de partida de nossa reflexão...

No entanto, parece que, finalmente, a hesitação relativa à equivocidade tenha sido – apesar da exigência levinasiana – resolvida: a ambiguidade entre erotismo e feminino, que poderia ter conduzido a um privilégio do ponto de vista do encontro com Outrem (em nome de uma lógica paradoxal, no fundo, insuficientemente surpreendente, segundo a qual a alteridade de Outrem experimenta-se em maior grau no ponto em que ela se encontra mais envolvida)[19], vai impedi-los, afinal de contas, de se apresentarem como as figuras mais radicais no que concerne à prova que é a relação com Outrem.

Desde então, uma feição completamente diferente da relação com Outrem será incumbida, em última instância,

---

19. Aprofundar este aspecto seria uma forma, sem dúvida, de avançar a reflexão além do próprio Lévinas, ao eliminar o conservadorismo cultural que impregna suas análises sobre o erotismo e a sexualidade (heterossexual e descrita sempre a partir do ponto de vista do masculino), sobre a mulher, cuja função colide com a de esposa (em casa), e sobre o feminino (inquietante envolvimento da alteridade de Outrem). Neste sentido, pode-se ler, talvez, a tentativa de M.-A. Ouaknin no livro *Méditations érotiques: essai sur Emmanuel Lévinas*, Paris, Balland, 1992. Aliás, convém assinalar que, no livro *Le temps et l'autre*, texto anterior à obra *Totalité et Infini*, o trabalho da ambiguidade na análise levinasiana sobre a feminilidade é, por assim dizer, mais "favorável" a esta última: "enquanto o existente realiza-se no 'subjetivo' e na 'consciência', a alteridade realiza-se no feminino", escreve Lévinas. E se a feminilidade é designada, então, como figura radical da alteridade é porque ela se recusa à transcendência, à luz do Mundo. Deixaremos o leitor meditar sobre essa hesitação entre certa desconfiança para com a exibição do lascivo e a valorização do mistério invisível do pudor. (...) Sem desencadear, aqui, uma discussão que exigiria um grande número de detalhes, observemos que não se pode, de modo algum, reduzir pura

do privilégio de radicalizar e, por assim dizer, de servir de exemplo para essa relação.

Para Lévinas, a alteridade de Outrem experimenta-se, o mais radicalmente possível, a partir do ponto de vista de quem é pai na relação com o filho. Com efeito, este é, por excelência, não um "outro eu mesmo", mas eu mesmo como outro; ter um filho é experimentar a alteridade no âmago de si mesmo. Lévinas gosta de afirmar que o filho é "aquele sobre quem não posso poder": ao escapar de mim, ele me liberta também de mim próprio, da posição de si em si mesmo e do acorrentamento de si a si mesmo. No filho, eis o que ganha uma significação exemplar: a alteridade de Outrem dá-me a mim mesmo no próprio instante em que ela impõe a interrupção do meu egoísmo; e, de forma ainda mais rigorosa, ao descentralizar-me radicalmente, ela me permite dar-me continuidade a mim mesmo. Todo aquele que já teve filhos quando deixa de lado a preferência do menino, em vez da menina –

e simplesmente a abordagem levinasiana a respeito do feminino a um conjunto de preconceitos "machistas".

Vale lembrar que o empreendimento de Lévinas consiste integralmente, em certo sentido, em desmantelar a arrogância do sujeito em sua virilidade, em chamar sua atenção para a vulnerabilidade e para a passividade que habitam em seu coração, permitindo que, antes de qualquer *arché*, de qualquer começo e poder – já viril –, ele "se afirme". Seria necessário evocar, também, a atenção decisiva orientada para o fenômeno do nascimento, lembrar o estatuto decisivo da subjetividade descrita nos termos da maternidade; ou, ainda, o vínculo estabelecido entre feminilidade e hospitalidade. Finalmente, conviria assinalar a análise minuciosa, nas "leituras talmúdicas", sobre o tema da feminilidade de Deus. Tudo isso acabaria simplesmente por abrir o debate já que, uma vez reconhecido certo trabalho de "desvirilização" do sujeito, em Lévinas, seria impossível deixar de protestar contra o fato de que sua abordagem da mulher continue sendo estigmatizada pelo "preconceito machista". De qualquer modo, ainda a propósito do feminino, deve-se evitar "suprimir" a ambiguidade do discurso levinasiano.

atavismo cultural[20] –, vai encontrar nas análises levinasianas, certamente, argumentos para esclarecer este sentimento, na aparência, contraditório: pela primeira vez, sinto-me explicitamente responsável, de maneira irremissível, por um outro; entretanto, ao carregar esse novo peso, experimento uma leveza, aquela que me é atribuída pelo descentramento de si mesmo. Deixo a obrigação de carregar, antes de tudo, a mim próprio e renuncio à exclusividade obsessiva da preocupação do si por si mesmo.

É particularmente interessante analisar, do ponto de vista das questões da liberdade e da temporalidade, a relação do pai com o filho.

Com efeito, o filho libera o si dele mesmo. Paradoxalmente, o filho dá o si a ele mesmo ao impedi-lo de sucumbir sob seu próprio peso – essa liberação do si consiste integralmente, ao coincidir com ela, na liberdade dada ao filho: ter um filho, como todo mundo sabe, é ajudá-lo a empreender seu próprio caminho. O "processo" (e esse termo já é lógico e mecânico demais) que acabamos de descrever não está destituído de ambiguidade. A significação

---

20. Será suficiente atribuir essa escolha a um conservadorismo cultural, no fundo, extrínseco ao âmago desse pensamento? Será suficiente refugiar-se por trás do caráter simbólico da análise (o fato de que a relação do pai com o filho simbolize a relação do si com Outrem não induziria, de modo algum, que concretamente há um privilégio do filho em relação à filha — e, felizmente, Lévinas chegou a declarar que o valor de uma filha é semelhante ao de um filho)?Entretanto, apressemo-nos a sublinhar um resíduo irredutível de insatisfação: se, aqui, a descrição levinasiana deve ser considerada como simbólica, como concretização de uma descrição de ordem geral e conceitual, então, deixa de ser evidente seu caráter fenomenológico, seu apego à especificidade da coisa mesma... Salientemos, ainda, um outro ponto de vista: mesmo que esse caráter simbólico tivesse sido adotado, nunca será suficientemente sublinhado que ele significaria que o valor de uma filha é semelhante ao de um filho... com a condição de que uma filha fosse, de fato, um filho — na medida em que "ter" um filho torna-se a forma exemplar da relação autêntica com Outrem.

O rosto, a ética   83

de cada um desses momentos não se estabiliza de uma vez para sempre; melhor ainda, ela inverte-se incessantemente, não por inconsequência, mas por fidelidade às ambiguidades da coisa mesma. Assim, a subjetividade do si, como assinalamos no início deste capítulo, deve arrancar-se, "evadir-se", afirma Lévinas, da indeterminação do existir anônimo (o *há*), e experimentar-se como si mesmo ao evadir-se desse horizonte: a posição do si, a hipóstase, é então conotada positivamente – e, efetivamente, ao mesmo tempo, é necessário ser si mesmo para poder encontrar o Outro e, nesse encontro, é que alguém se torna o que é.

Desde então, segundo um "processo" de ruptura e de intermitência – ou seja, retorno de fases a seus contrários de tal modo que ele não pode ser articulado em uma continuidade, mas pressupõe a reiteração de uma *diérese*[21] radical –, já a subjetividade do si ameaça desabar sob seu próprio peso e deve ser liberada de si mesma: essa liberação refere-se integralmente a Outrem e, em particular, ao Outro por excelência que é o filho. A ambivalência é generalizada: a prova da relação com Outrem é traumatismo, vem romper a subjetividade; mas convém dizer que, nesse procedimento, ela já libera o si dele mesmo. E o processo de intermitência não se interrompe aqui: essa ruptura do si já o dá a ele mesmo. Ao apontar o dedo para o meu peito, dizendo "eu?", para responder ao apelo do outro, eu sou – e, unicamente, nesse instante – eu próprio.

Meu filho, ao romper meu egotismo, libera-me de meu próprio peso e, *ao mesmo tempo*, me dá a mim mesmo, a partir do apelo do qual ele é a origem e que me instala em

---

21. Do grego *di-airesis*, "divisão". Em sua precisão técnica, o termo designa a separação silábica das duas vogais em um ditongo, exigida pela escansão poética, em oposição à sua pronúncia habitual.

mim mesmo – eu próprio como responsabilidade infinita por ele. E isso ocorre porque meu filho é radicalmente outro: sua infidelidade é, sem contradição, a própria fidelidade, se, por seu intermédio, sou eu mesmo. Portanto, convém saber ajudar seu filho a ser infiel, a ser ele mesmo.

Percebe-se que, no mais profundo da relação entre pai e filho, jaz a temporalidade. O que acabamos de descrever só ficará verdadeiramente esclarecido quando se fala seu nome: trata-se do próprio tempo – finalmente reconhecido em sua autenticidade.

No tempo e por seu intermédio é que, precisamente, toda instalação na substancialidade em geral – e, em particular, na ipseidade – é desmantelada. Ocorre que, em sua "descoberta" do tempo, Lévinas inverte algumas das intuições mais fundamentais que nos haviam sido legadas pela filosofia ocidental.

Ele inverte, por assim dizer, a intuição dos gregos segundo a qual "o que se transforma, em certo sentido, deixa de ser": como o rosto tem a ver com o tempo, ele o transforma não em uma sombra, mas em uma promessa de futuro. Qualquer rosto anuncia um futuro por "ser algo do tempo". E, então, deve-se sublinhar que o rosto não está no tempo (seria um espaço ou uma forma), não está submetido ao tempo (seria uma potência misteriosa), mas ele "é" o próprio tempo como o nada de ente (e, até mesmo, de ser), o além da substância que faz ser o que é ao rompê-lo: o traumatismo não tanto da fecundidade (da maternidade ou da paternidade), mas *como* fecundidade.

Assim, em Lévinas, o humano é menos ser-para-a-morte – como em Heidegger – que ser-para-o-nascimento, incessantemente, renascente. Sem dúvida, a mortalidade em Heidegger anuncia, porventura, a dimensão do futuro, mas com a condição de que este adquira sentido unicamente a partir do horizonte da morte reconhecida como a mais pessoal das minhas possibilidades. Pelo contrário, a temporalidade levinasiana desafia, por assim dizer, a morte. Não por ignorá-la: em Lévinas, há lugar para uma meditação sobre esse acontecimento – considerado, justamente, como o avesso do acontecimento do ser –, o "não ser" pressupõe ainda o ser, precisamente porque ele é sua total negação. Neste sentido, ele é importante, mas não transpõe precisamente os limites do ser.[22] Em compensação, a alteridade de Outrem, o Infinito, só pode dar um ser a si mesmo ao rompê-lo porque ela se manifesta além do ser, para um além que já não se define com referência ao ser – o que, segundo Lévinas, a morte continua fazendo – e que, assim, somente pode dar o ser a ele mesmo ou, no mínimo, abri-lo à significação. Em Lévinas, o acontecimento da alteridade é mais decisivo que o acontecimento da morte: assim, de acordo com o paradoxo exposto mais acima, a interrupção do reino do ser – que ele implica – é radical; por isso é que ele abre o futuro de cada ser. O tempo é a própria fecundidade.

Uma última observação, na sequência "lógica" do que acaba de ser dito: a temporalidade levinasiana, inversamente à duração bergsoniana, é estritamente descontínua, exprimindo-se como interrupção, como intermitência. Cada "estase" "no" tempo, ou "do" tempo, não tem, em certo sentido, vínculo com os momentos do tempo, anteriores e posteriores. O tempo é violência e traumatismo. E, vamos insistir, é assim que ele faz algo existir.

Eis o que não é, certamente, óbvio e, inclusive, leva aos limites do pensável, do conceitualizável e do dizível. A temporalidade tanto levinasiana, quanto bergsoniana,

---

22. A morte vem, precisamente, interromper a fruição do Si egoísta e ateu, produzindo-se com o Mundo em segundo plano.

resiste a qualquer tentativa de articulá-la (de "harmonizá-la" e, portanto, de "exprimi-la"), mas a partir de uma razão estritamente oposta. A duração bergsoniana, como tal, não se presta à linguagem porque ela não se deixa separar de si mesma, nem delimitar em unidades discretas e, portanto, não se deixa estabilizar e identificar; inversamente, a temporalidade levinasiana será atraiçoada por qualquer tentativa que vise juntá-la a um *logos*, porque ela é puro recomeço da pura interrupção. A maneira husserliana de descrever a temporalidade – que, inegavelmente, serviu de inspiração a Lévinas – não poderia, afinal de contas, convir-lhe: para Husserl, o *fluxo* temporal articula-se em uma forma. Assim, Lévinas estaria de acordo e, até mesmo, reivindicaria, que a prova autêntica do tempo – a "diacronia", termo utilizado, mais tarde, na sua obra *Autrement qu'être* – nos é dada apenas indiretamente, após seu termo, através de seu eco ou de seu vestígio.

Portanto, a expressão "além do rosto", título da última parte de *Totalité et Infini*, não significa – convém não se deixar enganar – que há *um* além do rosto, mas que o rosto é isso mesmo que, desde sempre, é impelido para além dele mesmo. O rosto é a própria abertura da imanência do que é, em direção ao além e pelo além, o além que é nada de existente. E o contrassenso que consistiria em ler, em Lévinas, a designação de um além identificável e distinto em sua identidade do aqui-neste-mundo seria superado, sem qualquer dúvida, pelo reconhecimento de que o trabalho do rosto no âmago da imanência em que vivemos, sofremos, usufruímos e morremos, longe de encarnar um superente que viesse a impor seu poder a partir de um alhures, mantém uma relação recíproca com o tempo – não o que passa, mas, de preferência, o que destrói e, mais precisamente, o tempo que interrompe e, pelo mesmo impulso, faz nascer.

Assim, se a ética levinasiana, como já observamos, não é a busca empreendida pela filosofia grega relativamente à boa conduta de si, também não é a simples observância de regras e, menos ainda, o respeito cego de uma lei abstrata e formal. Evidentemente, no entender de Lévinas, a ética apoia-se na incondicionalidade da injunção formulada pelo mandamento bíblico: "Não matarás". No entanto, se devo respeitar Outrem, em vez da Lei, se devo respeitar o rosto, então é sempre um rosto singular, este rosto aqui. A injunção levinasiana tem a incondicionalidade e a universalidade do imperativo kantiano, mas, ao designar o rosto, ela pode evitar um formalismo estrito.

Eis por que essa ética pode e, até mesmo, *deve* se desdobrar em uma fenomenologia das feições ou dos momentos concretos da relação com Outrem – aliás, os mais significativos já foram evocados – mesmo que, e teremos oportunidade de voltar ao assunto, ela exija, pelo mesmo impulso, certa interrupção da fenomenologia, no pressuposto de que o rosto é também desestabilização e, inclusive, interrupção da fenomenalidade.

Na elaboração de seu pensamento, Lévinas chega a retomar a forma do mandamento bíblico. No entanto, nunca estaremos suficientemente atentos ao fato de que a prova do rosto de Outrem faz-se, *aqui e agora*, na ambiguidade irresoluta em que, incessantemente, minha fruição se deixa abrir pelo encontro traumatizante, no decorrer do tempo, ou, mais exatamente, como o próprio fio do tempo: assim, na interrupção e no renascimento incessantemente recomeçados, na paciência de suportar a fecundidade da interrupção, ou seja, evitando desviar-me do apelo de Outrem, é que existo e a realidade adquire sentido para mim.

A ética levinasiana é, integralmente, o eco de um apelo mais longínquo; entretanto, ao mesmo tempo, ela nos ensina que o mais longínquo está bem próximo, que a voz que me chama é sempre esta voz, a deste rosto aqui, e não a pura forma da Voz que residisse em um qualquer além misterioso. E é, neste sentido, que a ética levinasiana não pode ser reduzida a uma voz anônima e terrificante que se limitasse a seu puro formalismo, mas é inseparável de feições concretas e singulares – rostos – que habitam deste lado do mundo.

Entretanto, nem por isso a radicalidade da transcendência é embotada. Pelo contrário, uma vez que respeitar a infinita transcendência do Infinito é que me torno atento a seu eco ou a seu vestígio, precisamente deste lado da imanência: ao recusar a facilidade de me dar o Infinito que, por sua vez, me dá o sentido, até mesmo como pura forma da doação, eu o experimento após sua ausência, que, por sua vez, desestabiliza e faz existir qualquer ser substancial; e a fecundidade desse nada desestabilizante é o tempo. Eis por que viver eticamente, viver sem se desviar do encontro com o rosto, nem do traumatismo fecundo do tempo, equivale ao mesmo – ou seja, aqui, ao Outro.

Uma ética da perseguição?

Antes de concluir este capítulo dedicado à ética do rosto, impõe-se um esclarecimento. Nossa apresentação apoiou-se, essencialmente, na obra *Totalité et Infini*; neste sentido, insistimos no espaço atribuído por Lévinas a um sujeito fruidor de sua imanência a si mesmo no horizonte do Mundo em que ele habita – e, por isso mesmo, vulnerável, possivelmente sofredor – mas, com a condição de se empenhar, com toda a legitimidade e sem má consciência, na busca de uma felicidade egoísta e ateia. Sem dúvida, essa descrição está envolvida por uma outra que descreve o mais originário: precisamente, a *anárquica* prova da relação com Outrem, a violência da interpelação pelo Rosto de Outrem, absolutamente fora do Mundo, que dá o sujeito a ele mesmo tão somente ao colocá-lo em situação de perigo. De qualquer modo, segundo uma lógica paradoxal que procuramos esclarecer, o Mundo e a interioridade do sujeito são indispensáveis para acolher a relação com Outrem, a prova da exterioridade; no entanto, em certo sentido, ela precede absolutamente o que a acolhe.

A filosofia de Lévinas é também uma filosofia da fruição, do enrolamento do sujeito sobre si e da habitação do Mundo. Ela não é unicamente filosofia da violência advinda do traumatismo, do sujeito interpelado e desfeito pela exterioridade; assim, o importante deve ser apreendido para além do Mundo no face a face exclusivo entre o sujeito e o Rosto de Outrem. Mesmo que estivéssemos de acordo para reconhecer que essa segunda linha de pensamento está subordinada, apesar de tudo, à primeira, convém observar que, em *Totalité et Infini* – por ser da ordem do questionamento e da interpelação –, a relação com Outrem declina-se, entre outras modalidades, como relação de ensino, relação do pai com o filho, eventualmente como erotismo da carícia... Em poucas palavras, cada uma dessas figuras da relação com Outrem, cada um desses momentos, apresenta-se unicamente como traumatismo do sujeito por já fazer sobressair este último em uma forma de fruição ou de felicidade de ser o que é – em uma ambiguidade irresoluta.

Ora, o que impressiona, de saída, na leitura da segunda grande obra de Lévinas, *Autrement qu'être ou au-delà de l'essence*, é a diferença de acentuação relativamente a este ponto de vista. Há sempre, certamente, um espaço para a fruição e para a felicidade do sujeito, mas o maior número de páginas é dedicado à alteridade de Outrem – que tende a dar-se, agora, *exclusivamente* como traumatismo, pura violência infligida e sofrimento suportado. A ambiguidade fundamental – segundo a qual o sofrimento de ser o que se é, na prova da relação com Outrem, é inseparável da fruição de si – não é, com certeza, suprimida radicalmente, mas passa nitidamente para o segundo plano.

Nunca será demais sublinhar que, pelo mesmo impulso – e de forma consequente –, a abordagem de Outrem pelo viés do rosto é apenas marginal e que as descrições fenomenológicas concretas das diferentes feições da relação com Outrem tornam-se menos fecundas e deixam de constituir, à semelhança do papel que elas desempenhavam em *Totalité et Infini*, um eixo do desdobramento do pensamento levinasiano. Tudo se passa como se este livro ainda tivesse atribuído importância demais ao Mundo e à concretude da imanência do ser; neste caso, conviria recentrar o discurso sobre a exclusividade da relação com o Infinito, revelando-se no Outro. Passa para o primeiro plano, o que Lévinas designa por "obsessão do Outro"; o sujeito é descrito como "refém do Outro".[23] Dessa forma, Lévinas pretende exprimir a ideia de uma responsabilidade por outrem tão radical que o Eu *toma o lugar* do Outro e, nessa substituição, experimenta o fato não só "(de) ser outramente, mas, como liberado do *conatus essendi*, *(de) outramente que ser*" (DL, 412).

---

23. A característica marcante de *Autrement qu'être*, em seu trabalho de radicalização e de libertação da ontologia, é que a "relação" com Outrem é precisamente *prova* [*épreuve*] e não tanto *experiência* [*expérience*], para retomar uma distinção explícita em Lévinas. Tentar situar-se além do Ser é também instalar-se além (ou aquém) da oposição entre atividade e passividade, assim como, inclusive, além da categoria da relação enquanto ela é ainda uma categoria do ser. Trata-se, desde então, de descrever uma prova mais antiga que qualquer experiência (se a experiência pressupõe ainda um polo de centração sobre si ao qual, no mínimo, ela possa referir-se), mais antiga que a própria oposição entre atividade e passividade.

Dito isto, e de acordo com o que foi sublinhado por numerosos comentadores, as diferentes descrições da relação com Outrem tendem, então, a provocar no leitor um mal-estar porque, além da própria violência, elas exprimem sua irremissibilidade e absolutidade: o apelo do Outro, a injunção e a intimação a si como modalidades de se exprimir revelam-se, em sua nudez, como resultantes de uma violência radical. Trata-se de uma "enucleação" do sujeito: as imagens utilizadas significam o estupro pelo qual o Outro atinge o que há de mais íntimo (deixa de existir interioridade preservada diante de um Outro que vai me procurar "para além da minha pele") – e não consigo escapar a essa intromissão. Sem dúvida, a capacidade do sujeito para "separar-se" é apresentada sempre por Lévinas como constitutiva do próprio sujeito, mas a fruição egoísta totalmente legítima do sujeito só será preservada, precariamente, se a modalidade preferencial da relação com o Outro vier a tornar-se "obsessão".

Se o texto levinasiano é válido, antes de tudo, como eco da injunção – testemunhada e transmitida, dessa forma, por ele –, então poderíamos ser tentados a descrevê-lo como um texto produtor de psicose, destruidor de seu destinatário; no entanto, em outro momento de si mesmo, ele nos havia ensinado que o traumatismo da alteridade engendra já o sujeito.

Seria possível ter tendência (aliás, alguns comentaristas assumiram essa atitude) a ler esse texto como habitado por uma teleologia interna, como depurador, aos poucos, da intuição fundamental que o habita; e a prova do Infinito, enfim, convenientemente descrita – depurada – seria uma pura violência, tão incontornável quanto insuportável. As descrições da prova do Outro propostas pelo livro *Autrement qu'être*, em sua violência, por serem enfim radicais de acordo com o próprio desejo do seu autor, manifestariam a relação com o Outro em sua verdade e crueza: o que acabamos de descrever mais acima é – e Lévinas assume este termo – a própria perseguição.

Ao ter escapado tanto à banalidade de uma tradução como "respeito por Outrem", quanto à estrita redução a uma mensagem de amor do cristianismo e, logo, do judaísmo (no final de sua vida, Lévinas não evitou a palavra "amor" para falar da relação autêntica do sujeito com Outrem), a prova levinasiana concernente a Outrem pretenderia revelar-se o âmago de uma ética – qualquer que seja o sentido atribuído a essa noção – que será julgada insuportável e contraditória, ou seja, uma ética da perseguição?[24]

É claro, conviria modular esse julgamento sobre o "último" Lévinas justamente porque ele fala também de amor – e, então, a desmedida da relação com Outrem não se dá simplesmente como perseguição –, mas também porque a consideração da Justiça tem precisamente a função de atenuar qualquer desmedida (seja qual for sua natureza).

De qualquer modo, no que concerne à prova que é a relação com Outrem, é impossível ignorar a nítida diferença de acentuação entre a designação do sujeito como pai de um filho e aquela que o estigmatiza como refém perseguido.

---

24. No livro *Autrement qu'être ou au-delà de l'essence*, o rosto de Outrem está descrito como exatamente aquilo que me persegue. Sua radical nudez, significando sua exposição absoluta, é apelo ao assassinato (na última instância, excitação de meu sadismo); mas, *pelo próprio fato de sua absolutidade e de sua radicalidade*, esse apelo, que significa a vulnerabilidade absoluta, transforma-se em injunção de proteção, em responsabilidade infinita. E a inversão não fica por aí: desde então, é o rosto que me persegue. Sua passividade radical transforma-se em injunção que me acua a uma passividade ainda mais antiga e mais radical (sem que ela venha a igualar-se com uma ação que pudesse referir-se a um sujeito — o que a torna infinitamente mais inquietante e terrificante). A partir de sua nudez, em sua própria nudez, o rosto de Outrem me desnuda absolutamente até o mais íntimo (ele me desnuda de minha própria pele, segundo uma imagem recorrente de *Autrement qu'être...*).

Segundo a hipótese de nossa leitura – e que pretende restringir-se, por assim dizer, à própria dinâmica do texto levinasiano – não é pertinente, de modo algum, ler Lévinas segundo uma estrita teleologia; assim, a interpretação que considera a apologia da perseguição como a *última palavra* desse pensamento parece-nos que não corresponde à sua utilização mais fecunda.

É verdade que Lévinas – em seu prefácio para a edição norte-americana de *Autrement qu'être* – é o primeiro a assinalar o progresso na radicalidade que caracterizaria esse novo livro em relação à obra *Totalité et Infini*: em particular, ele sublinha seu esforço para deixar de se exprimir com os termos do ser (em conformidade com os conceitos da ontologia clássica), aliás, esforço necessário para designar o além da essência. Sem dúvida, ao focalizar o discurso sobre o apelo do Infinito e sobre a maneira de dizê-lo sem o trair, esse esforço desviar-se-ia das feições concretas do encontro com Outrem – que se fazem sempre, aqui, no Mundo entre os seres – e, portanto, da fenomenologia, cujo objetivo consistia em descrevê-las.[25] Sem dúvida, pelo mesmo impulso, a prova de Outrem tenderia a se "comprometer" o menos possível – comprometimento, no entanto, necessário, como já sublinhamos – com o ser: desde então, a violência da interrupção infligida pelo Infinito ocorre em toda a sua nudez.

De qualquer modo, a verdadeira fidelidade a Lévinas consiste, para nós, em lembrar-nos que sua concepção da temporalidade opõe-se a qualquer teleologia estritamente determinante que implicasse uma posição extrema. Para o nosso autor, o tempo é poder de indeterminação, abertura

---

25. Desta vez, a inclusão da filosofia levinasiana no movimento fenomenológico chegou a parecer, para alguns — de forma consequente — ainda mais suspeita relativamente a *Autrement qu'être* que em relação a *Totalité et Infini*.

de um futuro verdadeiramente novo, já que o poder de interrupção – sua característica própria – é integralmente liberação do ser em relação a ele mesmo, renascimento, surgimento do absolutamente novo. Assim, o fato de petrificar o texto levinasiano em seu último Dito seria uma forma de atraiçoá-lo. É necessário expor-se ao poder do traumatismo representado por essa obra – em particular, nos últimos textos –, contanto que o traumatismo seja promessa de um recomeço: aqui, mais que uma promessa, trata-se da injunção para se liberar de uma ética *unicamente* da perseguição, enquanto essa injunção emanaria dos próprios textos que exprimem essa ética peculiar. Então, em vez de esquecimento e renegação, essa liberação será a própria fidelidade.

Expor-se ao insustentável da ética da perseguição convida já a afastar-se desse excesso inassumível, a tornar-se *sujeito* sendo-lhe infiel, mas não de qualquer modo – conservando seu vestígio ou seu eco. Não posso, nem *devo*, escapar *definitivamente* à obsessão do outro – essa será nossa fidelidade; também, não posso dobrar-me *definitivamente* a essa obsessão – tal será nossa infidelidade –, mas essa infidelidade é já fidelidade, se Lévinas é aquele que, igualmente, pensou que a interrupção do Mesmo pelo Outro era *já* tanto sua libertação e seu engendramento, quanto uma terrificante intimação.

Assim, haveria uma ética que *convém* à leitura e à recepção do pensamento de Lévinas, prescrita precisamente pela temporalidade própria dessa obra. Fazemos apelo a uma leitura "intermitente" – para retomar essa noção levinasiana – pela qual cada fase se libera da que a precede, ao interrompê-la e recomeçando-a logo. Nada é definitivo, não existe a última palavra desse pensamento: nem a última palavra em que alguém acreditasse ser possível instalar-se, finalmente, na quietude; tampouco a última palavra que viesse destruir seu leitor por um excesso de perseguição. Nenhuma das fases de intermitência é mais definitiva que outra: e o momento inassumível da ética da perseguição deve ser, logo, interrompido (momento que significa já uma feição da interrupção radical do si), para ser liberado dele mesmo pelo momento do pensamento levinasiano que exprime a interrupção como engendramento, liberação do pai no filho, liberação do filho a partir do pai. Como se vê, indicamos aqui uma visão em perspectiva: a filosofia levinasiana dá testemunho do que ela havia experimentado, convocando-nos e intimando-nos a experimentá-lo.

Em nosso entender, o melhor guia para a utilização do texto levinasiano – e da ética testemunhada em sua obra – são os trechos em que Lévinas descreve a relação do mestre com o discípulo ou do pai com o filho: traumatismo da intimação que já se transforma na liberação do absolutamente novo.

Assim, estamos de acordo com aqueles que pensam ser impossível acompanhar Lévinas *até o fim* (de seu itinerário), até sua radicalidade excludente de uma ética da perseguição. Neste sentido, somos infiéis ao filósofo. Mas, sobretudo, estamos de acordo com aqueles que defendem que uma leitura fiel de Lévinas é, antes de tudo, *aprender* que não existe "até o fim": ao ter acesso já, de novo, a qualquer posição no ser, o Infinito – revelado no rosto de Outrem – livra-nos do definitivo.

3

Lévinas e a fenomenologia

Lévinas foi o primeiro filósofo que, de forma consequente, permitiu que o público francês tivesse acesso à fenomenologia: em particular, através da obra *Théorie de l'intuition dans la phénoménologie de Husserl*, publicado em 1930.[1] Nesse livro, ele restitui "a inspiração primeira e simples" do método fenomenológico, segundo Husserl: apesar de não ser, evidentemente, "completo" – nem que fosse pelo fato de que, no momento de sua redação, a obra husserliana continuava em via de se fazer, além de que um grande número de seus aspectos, ainda hoje, continuam "inéditos" –, tal constatação não é, de modo algum, uma lacuna do livro. Esse tipo de consideração, afinal, é pouco pertinente se for relacionado com o objetivo traçado por Lévinas: de acordo com o que ele escreve, na "Introdução", trata-se de "estudar e expor Husserl como se estuda e expõe uma filosofia viva". A tarefa de permitir o acesso à própria vida de uma obra – sublinhando o núcleo essencial e a exigência que, precisamente, lhe servem de suporte – foi levada a bom termo, sem dúvida, por Lévinas.

---

1. E. Lévinas, *Théorie de l'intuition dans la phénoménologie de Husserl* (Paris, Alcan, 1930), Paris , Vrin, 1963.

Transmitir a fenomenologia

Em um primeiro momento, tentemos "restituir" a "restituição" levinasiana de Husserl, ou seja, aqui, da fenomenologia nascente.

Lévinas presta atenção, antes de mais nada, ao fato de que Husserl retoma o questionamento das "teorias do conhecimento"; no entanto, a fenomenologia "supera" a própria ideia de uma teoria do conhecimento, vai além do questionamento sobre a possibilidade e a validade dos conhecimentos e apresenta-se como uma verdadeira ontologia, cuja pretensão consiste em desvelar e interrogar o sentido de ser do que é.

Lévinas adota como ponto de partida, em Husserl, sua recusa do que se pode chamar o naturalismo e o psicologismo: o primeiro caracteriza as ciências modernas que procuram e pressupõem, em certo sentido, a objetividade do mundo físico; além disso, para ele, o conhecimento esgota-se na apreensão objetiva da natureza, que, desde então, como afirmava Kant, limita-se à soma dos objetos ligados por leis. Por sua vez, o "psicologismo" designa a lacuna, peculiar à psicologia experimental segundo Husserl, que consiste em considerar a própria consciência como uma parcela da natureza, como algo que, se nem sempre é estritamente reduzido à matéria, não deixa de ser concebido a partir do modelo da coisa física objetivável. E, pelo fato de identificar a existência real exclusivamente com a existência material espaço-temporal, essa tese ontológica é interdependente da tese "epistemológica" segundo a qual ser conhecido é ser apreendido de forma objetiva.

Ora, Husserl denuncia no objetivismo – inclusive, o mais idealista em suas representações matemáticas do real – um fundo irredutível de contingência: se existe apenas o que é determinado do ponto de vista espaço-temporal, então, as essências mais formais, aquelas mesmo que um naturalista idealista "lê" como se fossem estruturas necessárias da natureza física, só podem ser reconduzidas à contingência das consciências psicológicas que as consideram como se fossem sua origem e sua causa. O psicologismo destrói a necessidade formal do objeto ideal.

Assim, o pensamento da objetividade – o naturalismo – acabaria por destruir, segundo a análise que acabamos de reproduzir, qualquer idealidade em sua existência formal e, portanto, necessária, por ter defendido que existe *apenas* o que se inscreve no tempo e no espaço; desde então, ele é suscetível de descrição do ponto de vista da relação causal – de modo que a própria consciência deverá ser pensada, de acordo com esse modelo. Pelo mesmo movimento, ao considerar como existente apenas a realidade material objetiva em si, o naturalismo deve explicar os fenômenos subjetivos, por exemplo, as "aparências" através das quais o objeto em si nos é dado (as chamadas "qualidades secundárias"), a partir dessa mesma realidade.

As "maneiras" como as coisas materiais aparecem à consciência no momento da percepção devem revelar-se como aparências não essenciais a dissipar já que, por definição, o naturalista aceita unicamente a existência da coisa material em si mesma. Ora, a descoberta essencial de Husserl vai consistir em mostrar que, independentemente de qualquer ponto de vista, tanto a consciência perceptual quanto seu cortejo de fenômenos subjetivos – alguns dos quais teriam tendência, precisamente, a dissimular o objeto "em si" no momento da percepção – devem ser explicados como uma parcela de natureza em termos de relações causais: tudo o que é subjetivo no sentido da vivência – sensações, percepções, sentimentos, etc. – deve ser dissolvido em sua aparência ou, no mínimo, explicado através de sua redução a um processo causal sob a tutela desse "objeto" que a consciência não pode deixar de ser, se ela pretende existir realmente.

Assim, o pressuposto ontológico naturalista determina não só certa concepção da consciência como fenômeno natural, mas também – de acordo com a afirmação de Husserl sobre a qual Lévinas insiste de forma particular – algumas opções "epistemológicas" no sentido amplo. Em especial, ele implica a própria problemática das "teorias do conhecimento" que, de saída e inauguralmente, formula a questão do conhecimento como questão da legitimidade que permite a um sujeito ter acesso à realidade, neste caso, qualificada como objetiva, de uma coisa material independente dele. Ele sublinha também que, por consequência, o naturalismo tende a "naturalizar" a própria problemática, a levar em consideração o sujeito, o objeto, assim como a relação entre um e outro, nos termos de uma causalidade natural. Por último, Lévinas insiste, particularmente, no seguinte aspecto: tal perspectiva ontológica e gnoseológica implica uma desvalorização da intuição entendida no sentido mais impreciso de contato imediato já que a realidade objetiva deve ser continuamente construída ou desvelada, ao afastar a imediatidade das aparências, o estorvo dos "fenômenos subjetivos".

Para Husserl, existe uma legitimidade do naturalismo porque a percepção, em seu caráter primordial, é que tende, em seu movimento, se não a se "contradizer", pelo menos a se "superar". A partir das diferentes "silhuetas" pelas quais um objeto material se anuncia, aliás, a única forma de se anunciar – mas, só é possível considerá-lo a partir de determinado ponto de vista, de determinada perspectiva, e nunca sob todas as suas facetas, simultaneamente –, ele exige de quem o percebe que sua unidade seja estabelecida independentemente da limitação engendrada pelas visadas subjetivas, que, entretanto, são a única forma de se anunciar. (Só consigo ver uma das faces do cinzeiro, mas minha visada perceptiva tende, naturalmente a considerar um cinzeiro "completo" que existe em si mesmo, independentemente de mim em meu próprio horizonte). O próprio movimento da percepção está, portanto, na origem do naturalismo que considera a existência das coisas materiais como uma existência em si independente das consciências perceptuais. No entanto, a descrição cuidadosa da percepção no estado nascente permite ver que o naturalismo é engendrado, por assim dizer, a partir de uma situação que, ontologicamente, lhe é anterior, além de ser pressuposta, ocultada e contraditada por ele. Uma descrição minuciosa da percepção mostra que o caráter próprio da coisa percebida consiste em se dar por esboços ou silhuetas, em se dar "pessoalmente" – é efetivamente a própria coisa que vejo ou sinto ao alcance da mão – sem nunca preencher adequadamente a "visada" dirigida em sua direção: a coisa material nunca me é dada sob todas as suas facetas; alguns de seus aspectos continuam a me escapar.

Dessa constatação, em vez de concluir que seja necessário duvidar da existência do que nos é dado na percepção – o que equivaleria a extrair muito mais do que ela contém e, portanto, seria inconsequente –, Husserl tira a seguinte consequência: a inadequação caracteriza a maneira como nos são dadas as coisas que, desde então, serão qualificadas como "transcendentes". Para ele, em vez de colocar em dúvida sua existência, tal postura significa a possibilidade de sua inexistência: a não existência é uma possibilidade de seu ser, elas podem não – ou deixar de – existir. Em qualquer momento, pode ocorrer que a unidade dos esboços subjetivos deixe de ser garantida.

De fato, nada nos permite acreditar – à semelhança do que se passa com o naturalismo – que possa haver uma coisa com existência "sólida" para além da maneira frágil como ela nos aparece. A coisa está unicamente em suas aparências: em linguagem técnica, não há ser além do fenômeno (do que aparece). Tal é a primeira grande lição da fenomenologia. Ao acompanhar a descrição rigorosa da percepção, nada torna legítimo "considerar" o real por trás das aparências. O que implica, no mínimo, duas importantes consequências: em primeiro lugar, a coisa sensível "transcendente" deve "assumir" a fragilidade de seus esboços já que nada existe além da aparência em que, sob um aspecto "geométrico" qualquer, sua existência seria desembaraçada da contingência dos esboços; em seguida, se esta descrição for aceita, então, será necessário derrubar a hierarquia ontológica do naturalismo.

As aparências subjetivas eram dissipadas por este último ou, então, retraduzidas nos próprios termos do objeto, ou seja, explicadas causalmente por certa psicologia a partir das características da própria consciência considerada como um objeto. Agora, pelo contrário, convém proceder à designação de uma ontologia – como mais originária que a ontologia naturalista – segundo a qual, por um lado, o triunfo da objetivação da coisa material tem de levar em consideração a vulnerabilidade da contingência da coisa percebida e, por outro, sobretudo, a coisa percebida é revelada como dependente, originariamente, das visadas subjetivas dirigidas em sua direção. Já não é pertinente considerar uma realidade material em si independente dos atos perceptivos que se orientam para ela: uma análise rigorosa revela que a coisa percebida pressupõe sempre o "olhar" subjetivo que a encara.

Desde então, a inversão do naturalismo deve ser desdobrada em todas as suas implicações: longe de tentar "naturalizar" a consciência, deve-se, pelo contrário, levar em consideração que ela precede e, em certo sentido, torna possível a "natureza" como soma dos objetos transcendentes. E ao empenharmo-nos em uma descrição da consciência, percebemos que esta se caracteriza, em primeiro lugar, pelo tipo de percepção que pode ser feito a seu respeito. Para começar, tratar-se-á de uma "percepção imanente" já que é, efetivamente, a consciência que se percebe a si mesma e, por conseguinte, de uma reflexão. Além disso, o que caracteriza essa percepção da consciência por si mesma é sua imediatidade e adequação: enquanto o caráter próprio da coisa percebida em sua transcendência consiste em sua inadequação, o que caracteriza a percepção da consciência por si mesma é sua perfeita adequação, já que, neste caso, verifica-se a coincidência integral e absoluta entre o "ver" e o "visto".

A percepção imanente é, portanto, a evidência absoluta: nada de si mesma pode escapar à consciência. E esta característica gnoseológica implica uma importante consequência ontológica: do mesmo modo que a inadequação – característica da coisa perceptiva – implicava a possibilidade de sua não existência, sua contingência, assim também a adequação absoluta, a evidência necessária e sem falhas da consciência a si mesma, implica a necessidade de sua existência. Então, por ser suscetível de uma percepção imanente adequada sem falhas, a consciência existe necessariamente e não depende de qualquer outra existência, além da sua: ela é um absoluto.

Lévinas insiste sobre duas importantes lições de Husserl. Em primeiro lugar, ele sublinha que o ser não é o mesmo por toda parte: a existência nem sempre significa do mesmo modo. Assim, existem no mínimo duas regiões do ser – a região "consciência" e a região "coisa" – que se distinguem, antes de tudo, por seu sentido, por sua maneira de significar; e de tal maneira que o primado da primeira relativamente à segunda é comprovado se, além do fato de que a primeira é absoluta e a segunda contingente, esta só adquire sentido pela primeira. Tal é a descoberta ontológica fundamental da fenomenologia.

Lévinas insiste, particularmente, sobre esta consequência: ao superar a ontologia naturalista, do ponto de vista "epistemológico", a fenomenologia procede a uma reabilitação da intuição. Pelo mesmo impulso, verifica-se a não pertinência relativamente ao questionamento das teorias do conhecimento que incidem sobre a natureza, a possibilidade e a legitimidade da ponte entre sujeito e objeto, assim como ao menosprezo naturalista pela intuição. Com efeito, já não há espaço para encontrar o real em si por trás das aparências fornecidas pela intuição a um sujeito previamente bem separado do real: Husserl mostrou que era necessário dizer conjuntamente que uma coisa só é e tem sentido por uma consciência; além disso, o que havia para descrever são as diferentes maneiras como a consciência se dá diferentes regiões do ser.

Assim, a questão a respeito da possibilidade e da natureza da ponte entre a consciência e seus objetos deixou simplesmente de ser formulada e, segundo parece, a tarefa mais importante não é a tentativa de legitimar e definir a possibilidade reconhecida à ciência para construir objetos, mas descrever as maneiras como a consciência se dá diferentes tipos de *data* específicos e os "constitui" – contanto que a "constituição" nunca se torne uma atividade de pura construção, mas signifique sempre, também, o simples estabelecimento de contato com o constituído. Descrever as maneiras como as diferentes regiões do real são dadas à consciência a partir de modalidades sempre distintas – tal será, portanto, a tarefa da fenomenologia.

Descrever um contato primordial e, em certo sentido, imediato com o real, eis o que, para Lévinas, tem a ver com uma reabilitação da intuição. Para nosso filósofo, tornar-se atento ao fato de que a significação do ser não é monótona, nem uniforme, de que o ser não se apresenta com um único sentido, como objeto, tal é a descoberta ontológica fundamental da fenomenologia em sua origem husserliana.

O estudo da região do ser que é a consciência permite identificar a especificidade de seu modo de ser: a intencionalidade.[2] Isso significa simplesmente que "toda consciência é consciência de alguma coisa"; mas, de fato, a significação dessa característica é mais abrangente. Lévinas insiste sobre o fato de que a intencionalidade não é uma simples propriedade da consciência indiferente ao seu modo de existir: muito mais radicalmente, ela é o modo próprio de existir – totalmente específico. Por ser "intencional" é que a consciência revela-se absolutamente irredutível à categoria espacial da coisa: o modo de existência da consciência consiste em se "dirigir em direção de"; em "se transcender", diz Lévinas, utilizando um vocabulário quase mais heideggeriano que husserliano.

A "transcendência" da consciência, no sentido de uma pura saída de si irredutível ao movimento de uma coisa no espaço, eis uma noção simplesmente "irracional", de acordo com o naturalismo e o psicologismo, para quem o único modelo de existência é precisamente o da coisa material espacial, objetivada pela teoria científica. Lévinas tem razão em insistir sobre a radicalidade do desacordo entre naturalismo e fenomenologia – pelo menos, no debate tal como ele se apresentava para Husserl. O aspecto mais fundamental não é compartilhado: a concepção da existência. O que está em jogo é a aptidão, ou não, para reconhecer diferentes regiões, diferentes modos da existência, irredutíveis uns aos outros. Entre naturalismo e fenomenologia, constata-se, às vezes, um diálogo de

---

2. No original, *intentionnalité*. Observação acrescentada pelo autor, entre parênteses: Lévinas utiliza a ortografia *intentionalité*. [N. T.]

surdos pelo fato de que, originariamente, as respectivas concepções sobre a existência são diferentes. E aparece claramente que, para Lévinas na sua leitura de Husserl, é essa decisão ontológica que orienta a maneira de conhecer a existência e, em um segundo momento, de "restituir" essa obra de conhecimento (poderíamos nos questionar se a hipótese inversa não é também aceitável...).

Para Lévinas, a decisão ontológica do naturalismo é que determina o primado irredutível atribuído por ele à teoria e, mais precisamente, à teoria científica. E a aptidão da fenomenologia para distinguir diferentes modos do existir é que orienta sua exigência segundo a qual a construção de objetos pela teoria é substituída pelo ato, muito mais amplo, de "constituição" do sentido de ser das diferentes regiões ontológicas, todas distintas e irredutíveis umas às outras – obra de constituição que, por sua vez, não exige ser "objetivada", mas descrita em seus diferentes modos: essa é a tarefa mesma da fenomenologia.

Lévinas desenvolve todas as consequências do caráter intencional da consciência. Em particular, do mesmo modo que o ser da consciência faz-se irredutível ao modelo da coisa, assim também o interlocutor da consciência, seu objeto, já não deve ser considerado do ponto de vista de sua existência natural como coisa espacial. Sem dúvida, isso é possível, mas o ponto de vista pertinente para a fenomenologia é diferente: o que conta, com efeito, é o sentido do objeto, o objeto enquanto a consciência se dirige para ele, independentemente da questão de sua existência de fato – o "objeto intencional", de acordo com a expressão utilizada, às vezes, por Husserl. O que comporta ainda uma consequência: se a consciência não deve ser vista a partir do modelo da coisa, se seu objeto deve ser considerado enquanto visado por ela, e não como coisa espacial, então deixa de ser pertinente a busca de uma ponte entre duas substâncias inertes – o sujeito e o objeto – como "representação" da segunda na primeira. O sentido é irredutível à representação de objetos: ter um sentido não é "representar" (para a consciência), nem "ser representado" para seu correlato. Assim, como lembra Lévinas, o ato de amor – pelo fato de ter um sentido – não significa que ele implique uma representação do objeto "ser amado".

De maneira geral, Lévinas permanece atento à desestabilização do primado do teórico que decorre da fenomenologia husserliana. Em vez da representação de objetos por um ato teórico, o que conta é, em primeiro lugar e de forma mais ampla, a constituição do sentido de ser segundo modos específicos e irredutíveis: nem toda a intencionalidade é teórica. Há uma especificidade, por exemplo, dos atos afetivos ou volitivos. Esta é uma descoberta importante da fenomenologia husserliana: os diferentes atos intencionais não se anulam na intencionalidade teórica que é a única capaz de dar acesso ao real como tal. Deve-se, pelo contrário, descrever com cuidado a maneira como os atos volitivos dão ou constituem o "deliberado enquanto deliberado", o deliberado "como tal", ou como os atos afetivos dão o amado, o odiado, etc., como tais; a maneira também como o ato de se lembrar dá o lembrado "como tal" que nunca é redutível a uma percepção atual à qual seria acrescentado um aditamento inessencial. A lista não está encerrada. Esses atos são irredutíveis aos atos estritamente teóricos, assim como seus correlatos são irredutíveis ao objeto da teoria; além disso, à semelhança dos atos teóricos, eles constituem o mundo com a mesma legitimidade – por assim dizer, sem qualquer restrição.

Apesar de tudo, Husserl mantém o primado do teórico. No momento preciso em que ele insiste sobre a especificidade das diferentes visadas e sobre sua irredutibilidade à construção teórica de objetos, ele acaba sempre, no entanto, por garantir o primado do teórico ao atribuir aos atos chamados "objetivantes", que dão o objeto "completamente despojado", o "representam", ou seja, simplesmente o tornam presente – em particular, à percepção como doação da coisa espacial –, o papel de fundadores para todos os outros tipos de atos. Para Husserl, a vontade, o desejo, etc., são atos complexos que acrescentam algo ao objeto simplesmente presente à visada; neste sentido, eles pressupõem um ato objetivante que lhes dê, por assim dizer, "simplesmente" acesso ao objeto. Portanto, para Lévinas, tudo se passa como se Husserl recuasse diante da desestabilização do teórico, que, no entanto, ele não deixa de promover; ou, então, tudo se passa como se Husserl destituísse e, ao mesmo tempo, enaltecesse o teórico. Evidentemente, essa tensão viva é o aspecto mais interessante do pensamento husserliano.

Esse esquema da tensão viva, irresoluta, em Husserl – que, insiste Lévinas, nunca é vivenciada, no entanto, como uma contradição – é detectado por nosso filósofo em outra característica da consciência intencional. Como já afirmamos, enquanto intencional, a consciência é pura transcendência; o que significa, de acordo com o texto lévinasiano, que "o interesse da concepção husserliana consiste em ter colocado, no próprio âmago do ser da consciência, o contato com o mundo" (TH, 73). Por outro lado, como dissemos, a consciência caracteriza-se como tal pela adequação integral de si mesma a si mesma, pela coincidência radical da vivência a ela mesma; em poucas palavras, por sua imanência.

Lévinas insiste, aliás, sobre o fato de que essa característica da consciência – sua imanência integral, por conseguinte, sua evidência a si – é que, afinal, impõe que o acesso a ela mesma seja a intuição, justamente, como relação imediata, sem distância, do Ver com o Visto. A intuição, contra a construção teórica – aspecto que suscita o interesse de Lévinas – é reabilitada a todos os níveis por Husserl: este mostrou que, por ser ato que preenche uma visada esvaziada, ela era o lugar da verdade, de preferência, ao julgamento e, em particular, ao julgamento teórico. Ele mostrou também que ela se realizava absolutamente na relação da consciência a si mesma: na pura imanência a si da consciência, a intuição absolutamente adequada torna-se possível. E Lévinas observa como a aptidão da consciência para a reflexão ou, então, para a "tomada de consciência" não pode – para Husserl – deixar de ser evidente. Essa reflexão sobre si da vida da consciência é, por assim dizer, reduplicada – e, enfim, realizada unicamente – pela operação *princeps* do método fenomenológico: a redução.

Desta apresentação, decorre a seguinte consequência: a consciência é que constitui todo o sentido de ser (tal como o sentido de ser do objeto de conhecimento – mas, ele não é único, nem o único importante). Assim, deveríamos tirar a conclusão de que a tarefa da prática da fenomenologia consiste em restituir a vida da própria consciência, tanto mais que a intuição só atinge a perfeição como intuição imanente. A redução fenomenológica será a operação pela qual o fenomenólogo vai restituir e explicitar a vida da consciência em uma reflexão.

Ao terminar seu livro sob uma perspectiva semelhante à que ele havia utilizado no começo, Lévinas apresenta, de forma mais particular, a redução fenomenológica como um modo de evitar o psicologismo. Com efeito, se é claro que o essencial consiste em uma reflexão da consciência sobre si mesma, então paira o risco de que a reflexão seja compreendida como uma objetivação naturalizante da consciência – operação que, de acordo com o que foi mostrado, seria a pior das traições da consciência. Deve-se, portanto, proceder à suspensão tanto da tese do mundo, quanto da crença na objetividade da natureza: é assim que a consciência deixará de equivocar-se sobre si mesma ao travestir-se em coisa e, melhor ainda, revelar-se-á como pura transcendência intencional. Com efeito, deixando de estar obnubilada pela existência das coisas, a consciência debruça-se sobre o "como" da aparição das mesmas; então, ela compreende que a resposta a essa questão consiste, no mínimo, em descobrir sua própria transcendência intencional. Essa operação de neutralização referente à tese de existência do Mundo e das coisas contidas nele é designada por Husserl, também, como *epoché*.

A propósito da redução fenomenológica husserliana, existe um problema que bloqueia Lévinas: sua dificuldade em entender a motivação da redução. O que, na vida concreta, pode motivar o gesto de redução? Husserl não responde, de modo algum, a esta questão; ele deposita, por assim dizer, uma confiança infinita no poder do teórico e, portanto, no poder do gesto teórico que é a redução fenomenológica. Mas, se a questão é formulada por Lévinas é porque, justamente, para ele, essa redução é por demais exclusivamente teórica. É porque essa redução aparece como essencialmente teórica que se formula a questão de saber o que a motiva na vida concreta.

Afinal de contas, pode-se dizer que, para Lévinas, a contribuição inestimável de Husserl consiste no questionamento relacionado com a problemática das teorias do conhecimento e com o objetivismo da ontologia naturalista. De fato, ele conseguiu propor uma ontologia liberada do reino do objetivismo naturalista em que é sublinhada, em particular, a especificidade da região "consciência". Além disso, ele soube mostrar que a questão importante não é a da legitimidade da ponte entre o sujeito e o domínio dos objetos, entendidos como duas substâncias que, por sua vez, são "depuradas", teoricamente, pela ciência; em vez disso, o que contava verdadeiramente era, por um lado, a "constituição" do sentido de ser do que existe na riqueza concreta da consciência apreendida como uma vida e, por outro, a intuição como presença, de preferência à representação teórica de objetos, formalizada a partir de julgamentos objetivos.

Lévinas alimenta-se, literalmente, de todo esse ensino e, em particular, desse método que procede por restituição de um ser a seu horizonte de sentido, que consiste em saber inscrever, de novo, o que se dá na riqueza da vida da consciência, em descrever sutilmente o como de sua constituição. E, no entanto, poderíamos dizer, de uma forma um tanto caricatural, embora legítima, o seguinte: Lévinas considera que, em Husserl, o teórico e o modelo do objeto conservam privilégios demais. A intencionalidade deve ser liberada do primado do teórico, assim como do objeto mantido, por Husserl, in *extremis* e de diferentes maneiras; por sua vez, a transcendência da intencionalidade deve ser liberada de sua retomada pela imanência em que a consciência se dá a si em sua evidência, em sua transparência e em seu controle. Deve-se resistir ao que a redução tem por demais exclusivamente teórico em um Husserl que, no entanto, insistia sobre o fato de que a teoria é, também, algo da vida concreta! Assim, de forma duradoura, Lévinas desconfiará desse aspecto do gesto de redução que o transforma em um poder de recentramento, de recaptura, para um "*ego* transcendental" que, aliás, consiste essencialmente nesse poder.

É claro que a leitura de Lévinas é fiel a Husserl em sua própria aptidão para valorizar a tensão husserliana entre a descoberta de uma ontologia irredutível à ontologia da coisa, de um entendimento da constituição do sentido na concretude da vida da consciência irredutível à representação de objetos, por um lado, e, por outro, uma radicalização do privilégio do teórico que se traduz pela manutenção, apesar de tudo, do modelo da representação de objetos. É claro – e reivindicado por Lévinas – que essa leitura de Husserl é heideggeriana. Com efeito, a leitura que Heidegger – discípulo de Husserl e "segundo pai" da fenomenologia – fez de seu mestre serve de inspiração a Lévinas para "fazer viver" o texto husserliano, para enfatizar os elementos mais desestabilizantes para o primado do teórico e do objeto. É efetivamente Heidegger quem radicalizou o gesto husserliano para livrá-lo completamente da problemática relativa às teorias do conhecimento e para desenvolvê-lo como uma ontologia, uma interrogação sobre a significação das diferentes maneiras de existir. É efetivamente Heidegger quem designou a especificidade da maneira de existir do *Dasein*, o existir humano, que se deve liberar da denominação "consciência" por demais teórica para ele, além de identificá-lo como "o ser para quem, em seu ser, está em jogo esse mesmo ser". É efetivamente Heidegger quem tentou mostrar que, apesar de não ser o derradeiro espaço da constituição do sentido, a intencionalidade devia ser retraduzida, por sua vez, nos termos das "disposições afetivas".

Assim, em relação à fenomenologia, Heidegger e Husserl são efetivamente os mestres de Lévinas, por assim dizer, "um no outro". Ao insinuar-se no gesto heideggeriano, a abordagem levinasiana a respeito da fenomenologia revelar-se-á, no entanto, tão crítica em relação à retomada heideggeriana quanto ela o havia sido relativamente à reflexão nascente husserliana: ao mesmo tempo, fiel e violenta.

Mas, por essas considerações, já estamos deixando a evocação do papel decisivo desempenhado por Lévinas na transmissão da fenomenologia, na França, para discutir sua própria retomada, como autor, da exigência e do método fenomenológico.

O *uso levinasiano da fenomenologia*

O encontro com Husserl – e, em seguida, com Heidegger – em 1928, em Friburgo, foi decisivo para Lévinas: sem essa circunstância, talvez, ele não tivesse sido um filósofo ou, de qualquer modo, *este* filósofo. Certamente, não se tratou de algo exclusivo, nem a filosofia levinasiana deriva integralmente das obras dos pais da fenomenologia como um avatar essencialmente elucidável pela evocação de suas fontes: aliás, uma obra que seja verdadeiramente filosófica não se deixa compreender dessa maneira, se ela abre um universo de pensamento, desconhecido até então, e cuja abordagem só será possível a partir de sua reflexão. Contrariamente ao que essa afirmação possa dar a entender, a obra levinasiana reconheceu sempre ter recebido e herdado do conhecimento acumulado anteriormente; deve-se dizer, também, que ser um autor é saber herdar e/ou ficar em dívida para com seus predecessores. E, inegavelmente, a filosofia levinasiana é herdeira, sem ser de forma exclusiva, da fenomenologia – em sua versão tanto husserliana quanto heideggeriana – e lhe é tributária.

Vamos apoiar-nos na seguinte constatação: Lévinas reivindicou incessantemente – e inclusive em *Autrement qu'être*, sua última grande obra – sua fidelidade à fenomenologia como se tratasse, por um lado, de um começo sem o qual nada do que ele tinha para dizer poderia ter sido encontrado e, por outro, de um método sem o qual nada poderia ter sido descrito e formulado. E, no entanto, numerosas opiniões, oriundas de diversos horizontes, não cessaram de suscitar dúvidas sobre a pertinência de sua obra de autor à fenomenologia; e tal postura tornou-se cada vez mais vigorosa à medida que se afirmava o desbordamento do *Outro* em relação com o *aparecer* e, portanto, com o discurso que registra esse aparecer.

Ao reivindicar uma fidelidade radical à fenomenologia, a abordagem levinasiana pode parecer imediatamente suspeita do ponto de vista fenomenológico, precisamente em razão de sua outra fidelidade, ou seja, a fidelidade ao Outro.

Para continuarmos a nos exprimir nos termos da problemática, fecunda neste aspecto, relativamente à fidelidade – no pressuposto de que pensar tem sempre a ver com uma retomada como fidelidade no próprio âmago da separação como infidelidade –, portanto, para continuarmos a pensar nesses termos, será necessário compreender como as relações entre a fenomenologia e a filosofia levinasiana, habitadas pela relação do Mesmo com o Outro, não são simples, nem simplesmente de inclusão ou de exclusão. Que tipo de complexidade, de ambiguidade, diria Lévinas, terá de ser concebido para tornar pensável que a maior traição de um pelo outro seja, pelo mesmo impulso, a maior fidelidade – e qual será seu grau de reciprocidade?

Quando Lévinas chegou a Friburgo[3], Husserl acabava, nesse preciso momento, de se retirar do ensino, mas prosseguia ativamente suas pesquisas com a equipe de seus discípulos. O que suscitará o entusiasmo do jovem Lévinas por Husserl? Em que aspecto, simplesmente, este

---

3. Cf. entre os numerosos textos de Lévinas que relatam o choque intelectual decorrente de seu encontro com Husserl e Heidegger: "Fribourg, Husserl, et la phénoménologie", *Revue d'Allemagne et des Pays de Langue Allemande*, nº 43, 1931, incluído in *Les imprévus de l'histoire*, Montpellier, Fata Morgana, 1994, p. 94-106.

lhe "abre os olhos" (para retomar a expressão utilizada por Heidegger a propósito de Husserl)? Lévinas será frequentemente criticado por ter sido infiel precisamente àquilo que havia descoberto em Husserl e, graças a ele, àquilo que o havia encantado na fenomenologia e ao qual, na sequência, ele desejará permanecer fiel: portanto, a relação tensa de Lévinas com a fenomenologia não será superada ao declararmos – de forma um tanto sumária – que ele foi fiel apenas a alguns de seus aspectos. Apesar de se ter aplicado explicitamente ao âmago da fenomenologia, Lévinas será criticado, às vezes, por não ter aderido ao âmago da exigência fenomenológica: é impossível tergiversar com aquilo de que se deve prestar contas.

A descoberta central de Husserl é, como já afirmamos, a intencionalidade. E a partir da maneira como lê e "retoma" essa descoberta, Lévinas insiste sobre o seguinte: a consciência não é uma substância estática que viesse a opor-se ou, no mínimo, encontrar-se "diante de" um mundo também substancial – precisamente, um sujeito diante de seu objeto – e para a qual o problema central fosse desde sempre, a partir dessa partilha inicial, "como sair de mim para alcançar o objeto?". Ou, então, "como fazer entrar em mim, sob as aparências de sua representação, o objeto?". Em poucas palavras, e como já foi assinalado, verifica-se a desestabilização da "distribuição" inicial a partir da qual a filosofia chamada moderna declina-se, essencialmente, como "teoria do conhecimento", ou seja, um conjunto de sinopses enquanto tentativas para responder a essas questões. Manifestar a consciência como intencionalidade é, por um lado, quebrar as próprias molduras (sujeito, objeto, representação) que delimitavam as questões formuladas pelas teorias do conhecimento e, por outro, mostrar pela resposta que lhes é fornecida que, de fato, elas não passavam de um falso problema. A fenomenologia elabora a filosofia como teoria do conhecimento e, ao mesmo tempo – esses dois tipos de formulação se encontram em Husserl –, a supera, deixando-a bem longe na sua retaguarda – pelo menos, ela exige tal superação.

A destruição da moldura relativa às teorias do conhecimento produz-se, evidentemente, no plano tanto ontológico, quanto propriamente gnoseológico, uma vez que ambos são interdependentes no âmago da mesma axiomática: a mínima alteração em um desses planos repercute no outro. Eliminar a própria ideia da substância como tal retraída em si, estática – substância pensante e substância extensa, diz Descartes –, é, pelo mesmo impulso, suprimir a mediação pela qual a primeira se refere à segunda, ou seja, a representação: "A ruína da representação", esse é o título de um texto de Lévinas sobre a ideia husserliana de intencionalidade.[4] Com efeito, de acordo com Husserl, a intencionalidade não significa simplesmente uma reviravolta, uma fragmentação *na* ontologia e *na* gnoseologia moderna, mas a própria fragmentação. A intencionalidade caracteriza-se como "transcendência imanente": eis o essencial. Sob o nome de "intencionalidade", a consciência descobre que ela nunca foi o que acreditava ser, ou seja, uma substância que se mantém como tal "sob ela mesma", estável no interior de suas fronteiras, confinada na fortaleza que ela mesma é para si mesma. Em poucas palavras: *presente* a si mesma.

A consciência descobre, por assim dizer, com espanto, que ela é o puro dinamismo de uma visada, o puro ato de se

---

4. Cf. "La ruine de la représentation", estudo incluído na seção de "Commentaires nouveaux" da nova edição de *En découvrant l'existence avec Husserl et Heidegger* (1949), Paris, Vrin, 1994, p. 127-35.

lançar em direção de algo, pura flecha que – concentrada inteiramente no ato de sair de si, nada além dessa pura saída de si – coincide integralmente com ela mesma no movimento de se escapar, em razão precisamente da radicalidade dessa "saída de si" com a qual ela coincide absolutamente. Ela é inteiramente pura autotransgressão de si mesma. O que significa, inversamente – não insistiremos aqui nesse aspecto –, que ela não tem um exterior radical, pelo menos um exterior prévio: por ser integralmente "visada de", ela terá desde sempre antecipado seu exterior como seu correlato, como o que ela *se* dá. Eis o que diz a expressão "toda consciência é consciência de": a consciência é, por assim dizer, desde sempre em marcha para o que ela visa; ela nada é além dessa própria marcha e seu "objeto" – designação que deveria ser suprimida – é desde sempre antecipado por ela. Essa antecipação é que, precisamente, faz seu *sentido*.

Pelo fato de que a consciência é integralmente o ato de transpor a distância entre ela e o mundo, anula-se simplesmente o problema do conhecimento como problema da adequação entre a representação assente em um sujeito e o objeto à sua frente. E a objeção segundo a qual a intencionalidade seria reduzida a um idealismo subjetivo – já que a consciência encontraria apenas o que ela se dá – é contornada já que a consciência nunca terá sido confinada em si mesma, mas terá sido, desde sempre, pura saída de si, êxtase.

Durante todo o seu percurso, Lévinas permanecerá fiel à exigência assumida pelo pensamento husserliano da intencionalidade: se ele se mostrou cada vez mais crítico em relação à intencionalidade tal como ela havia sido pensada por Husserl, é por ter tido o pressentimento de que a intencionalidade *pensada* por Husserl não esteve à altura da exigência que animou seu "pensar". Dizer que a intencionalidade husserliana não foi suficientemente radical é, de fato, reconhecer sua incapacidade de estar à altura da exigência que ela havia sido a primeira a desvendar: a intencionalidade husserliana terá encoberto imediatamente o que ela havia descoberto (como Husserl, por sua parte, afirmava a respeito de Descartes); portanto, ela é, ao mesmo tempo, a descoberta – à qual se deve permanecer fiel – e o encobrimento – que deve ser absolutamente transgredido para ser fiel à descoberta: trair o que foi pensado por Husserl para ser fiel ao "pensar" husserliano da intencionalidade.

E o que conta, para Lévinas, não é, em primeiro lugar, que a intencionalidade seja "fragmentação em direção ao mundo", como afirma Sartre que se extasia (justamente!) diante dessa consciência que está, de forma integral e imediata, junto às coisas mesmas, que rompe com a filosofia "alimentar" para quem a consciência absorve o mundo, a fim de pensar esta última como "pura fragmentação em direção às coisas". Lévinas quebra a célula "fragmentação em direção ao mundo", célula na qual a ideia de fragmentação era interdependente da – e, finalmente, subordinada à – "coisa mesma" ou, ainda, ao "Mundo". Para Lévinas, o que conta não é tanto o "junto às coisas do mundo", mas a "fragmentação como tal", a explosão da substância coincidindo com sua presença a si, seja ela a substância-consciência ou a substancialidade das coisas que povoam o Mundo.

Para além do Mundo: fenomenologia interrompida, fenomenologia continuada?

Sem dúvida, o que Lévinas extrai de sua leitura da intencionalidade husserliana é a descoberta de que o mais importante, o que nos dá tudo (nós próprios, o Mundo), é um puro movimento de *dessubstanciação*: a intencionalidade é o pressentimento, o balbucio (Lévinas não teria utilizado essa palavra) do *outramente que ser*, cuja radicalidade acabará sendo estabelecida por nosso filósofo.

De acordo com Lévinas, esse é o âmago da descoberta husserliana. Ao termos compreendido tal postura, já dispomos dos meios para compreender a discussão que opõe a retomada levinasiana da fenomenologia e as posições que o criticam por ter traído a fenomenologia em nome de certa ortodoxia fenomenológica. Com efeito, como se vê, o que conta para Lévinas é que a intencionalidade signifique não a consciência como *correlação* ao *Mundo*, mas a explosão da presença.[5]

Aí está o resumo do pensamento levinasiano. Compreende-se que a fenomenologia de Lévinas, apesar de não existir "sem o Mundo" (nesse pensamento, o Mundo usufrui de um estatuto absolutamente legítimo; aliás, esse aspecto foi sublinhado no capítulo precedente), se limite a considerá-lo como uma estrutura secundária e derivada: o Mundo não é a questão fundamental. Assim, pressupõe-se que, em vez da soma dos entes, o Mundo é o derradeiro horizonte de visibilidade, o "mostrar" de tudo o que se mostra a nós ou, se quisermos, o palco em que todo o ente é encenado pela consciência. A partir desse pressuposto, portanto, que deixa de considerar o Mundo como se tratasse do essencial, visando o essencial para além do Mundo, a "fenomenologia" levinasiana não trairia *a* fenomenologia – enquanto discurso que se apega ao aparecer como tal – para se desviar em direção a algum invisível *radical*, precisamente, no sentido em que,

---

5. Voltaremos ao assunto. Lévinas atribui a Heidegger o fato de ter reconhecido em Husserl — e, por sua conta, ter aprofundado — esse trabalho de dessubstanciação, de fragmentação da substância, tendo conseguido levarnos a entender o ser como acontecimento, a "verbalidade do ser". Cf., por exemplo, "Intervention dans *Petite histoire de l'existentialisme* de Jean Wahl", in *Les imprévus de l'histoire*, op. cit., p. 110-15.

estritamente, *nada teria a ver* com o visível: nem como visível potencial (no horizonte justamente do visível atual), nem como potencialidade do visível (sua estrutura secreta que não apareceria, em primeiro lugar, na proporção em que ela faz aparecer) – ou seja, um invisível radical que rompeu absolutamente as amarras com o visível, para além mesmo da "fenomenologia do inaparente" heideggeriana, e tolerado complacentemente pela mais dogmática ortodoxia fenomenológica?

De acordo com certas objeções, Lévinas teria renunciado à exigência fenomenológica no sentido em que ele teria ousado o que, no aparecer, é totalmente interdito: com efeito, o Outro ou o Infinito não são considerados, de modo algum, como fenômenos; no mínimo, se entendermos por fenômeno não tanto o que se mostra (porque, então, o diagnóstico seria, sem dúvida, menos claro), mas o que é dado – e, portanto, suscetível de ser mostrado. Se o olhar do fenomenólogo encontra sua disciplina ao submeter-se às membruras do visível, então, o de Lévinas não será um olhar divagante? Neste caso, pesa a suspeita de que o Outro e/ou o Infinito sejam "construções especulativas", cuja maiusculização significasse a absolutidade e, no caso concreto, a absolutidade fosse, sobretudo, a facilidade reivindicada pelo pensador para escapar às exigências do aparecer – se o absoluto nunca se deixa dar *a*, nem *por* um olhar. E escapar ao aparecer não será escapar à fenomenologia e fazer metafísica, ou seja – de acordo com o que ensinou Kant, evocado por Husserl –, sonhar? Sonhar, isto é, aqui, deleitar-se com a irrealidade e com a ficção, dando-lhes crédito – iludir-se.

Alguns pensarão ter aplicado o golpe de misericórdia a nosso filósofo com a seguinte questão: a maiusculização do Outro não significaria sonhar com uma substância invisível – um ser além que se libertasse das restrições da análise do *como* a que é submetida qualquer visibilidade, um *positum*, cuja invisibilidade o colocasse a salvo de qualquer investigação fenomenológica e, simplesmente, filosófica? Lévinas teria sonhado com um invisível além: um ser além do único domínio de ser que pudesse se atestar do ponto de vista fenomenológico, que pudesse ser legitimamente abordado fenomenologicamente já que a regra de ouro da fenomenologia é "quanto mais aparecer, tanto mais ser".

Do mesmo modo que a ideia de um aparecer confinado ao menor-grau-de-ser da aparência, assim também a ideia de um ser para além do aparecer é, fenomenologicamente, a quadratura do círculo. No pressuposto de que Lévinas *pense* essa ideia, neste caso, ele é metafísico e não fenomenólogo; e se lhe *dá crédito*, defendendo que existe, então o metafísico torna-se já alma devota e/ou teológica. E evidentemente, ele não pode deixar de considerar o conteúdo de seu discurso como existente já que, precisamente, está apegado a isso – a existência: ele não pode reivindicar-se como sonhador.

Dito isto, a partir de uma premissa pertinente – nosso filósofo apega-se de forma efetiva a certo tipo de invisibilidade radical (radical, ou seja, aqui, que não é um modo deficiente da visibilidade) –, tal objeção tira uma consequência que Lévinas nunca havia tirado, estabelecendo um contrassenso maciço sobre seu pensamento. Como já afirmamos, pelo mesmo impulso que ele dilacera a visibilidade – em vez de situar-se além dela –, o Infinito levinasiano desestabiliza a substância, o ser: ele nada tem de ente e, inclusive, de ser, mas é a própria reviravolta do ser e do aparecer. Portanto, segundo Lévinas, o Infinito não é, de modo algum, um ser substancial para além do visível.

Os termos do debate são, agora, bem nítidos. A objeção segundo a qual a filosofia levinasiana é não fenomenológica ou, até mesmo, antifenomenológica, uma virada fora da fenomenologia será consequente se conseguir mostrar o seguinte: pelo fato de livrar-se do Mundo, opondo-se ao que ela exige da forma mais radical, tal filosofia acaba por absolutizar um ser que desafia a exigência fundamental do fenomenológico, ou seja, o aparecer.

Ora, para Lévinas, livrar-se do Mundo como terreno originário da visibilidade não é, necessariamente, situar um ser além, nem confinar-se, desde então, na alternativa entre o ilusório e a fé ou o teológico (simples diferença de pontos de vista e de diagnóstico a propósito do que divaga além dos limites do aparecer). Pelo contrário, livrar-se do Mundo como horizonte de visibilidade é radicalizar o procedimento de dessubstanciação se, na verdade, dar-se como um ente, como uma substância, é precisamente aparecer em referência ao Mundo. Tal é a interdependência grega, levada a sério por Lévinas, que tem vontade de escapar-lhe: ser (uma substância) é aparecer; aparecer é ser uma substância. Arrancar-se à tese natural, proceder à *epoché*, ou seja, a colocação entre parêntese da existência das coisas, conforme preconiza a fenomenologia é, portanto, arrancar-se à referência do Mundo. Desde o momento em que a *epoché* é reinterpretada como trabalho de desestabilização e de reviravolta relativamente à substância, de dessubstanciação, então, a verdadeira fenomenologia consiste, apesar da aparência de contradição, em arrancar-se à referência do Mundo. E lançar-se em direção ao *outramente que ser* não é empreendimento de devaneio visionário, nem obra de fé ou trabalho de teólogo: o *outramente que ser* levinasiano (o Outro, o Infinito) não é uma ilusão, nem o *positum* de uma fé, mas um nada radical que tem um efeito já que ele faz aparecer o aparecer pelo próprio fato de desestabilizá-lo, de impedi-lo de se petrificar em substância.

Assim, poderíamos dizer que Lévinas mostra que, afinal de contas, o preceito – "quanto mais aparecer, tanto mais ser" – é insuficientemente radical e, até mesmo, antifenomenológico. Com efeito, a exigência da fenomenologia é identificada claramente por ele como o dever de aplicar-se ao que faz explodir o imobilismo do ser (mesmo que tematizar tal tarefa nunca tenha sido um desafio explícito para nosso filósofo). O fenomenólogo não deve somente precaver-se contra a ideia de um mundo em segundo plano, como único existente, atrás de um aparecer, por sua vez, desvalorizado como simples aparência enganadora, mas deve compreender que tem de se desvencilhar, o mais radicalmente possível, do próprio ser; o ser mesmo é que tem de ser suspenso. E aqui, convém sublinhar que, desde a origem grega, o aparecer é cúmplice do ser (somente o que é verdadeiramente aparece verdadeiramente, e inversamente – em certo sentido, essa é a ideia grega da verdade como desvelamento). De acordo com Lévinas, o aparecer, aqui, o Mundo, permanece – apesar de todas as sutilezas e de todo o esforço de Husserl e, em seguida, de Heidegger – cúmplice do imobilismo do ente. O fenomenólogo rigoroso que tenha a pretensão de fazer explodir o ser – ou, mais exatamente, reencontrar sua explosão originária – deve lançar-se para além do Mundo e do aparecer.

Dito isto, apressemo-nos em sublinhar que essa abertura para além do aparecer, essa traição radical, se quisermos, transforma-se na maior fidelidade: com efeito, ao lançar-se em direção ao Outro no sentido em que ele excede a fenomenalidade (o que aparece), trata-se unicamente de designar o que faz aparecer tudo o que aparece; o que faz aparecer o próprio aparecer – ou, no mínimo, leva-o a significar. Com efeito, o Outro, ou o Infinito, não se contenta em rejeitar seu confinamento em uma forma com condições de aparecer no Mundo; ele não pode deixar-se integrar ao Mundo, mas, por outro lado, não é alhures, salvo na exigência de manter relações comprometedoras com o Mundo. Se tivéssemos de sublinhar um único aspecto de nosso capítulo precedente seria o seguinte: ao desestabilizar o aparecer, o Infinito provoca a aparição de tudo o que aparece, o que significa também que ele faz existir o que é. Ele é sua vibração desestabilizadora, sua animação ou inspiração. O Infinito inflige – a todo o ser que ameace petrificar-se no que ele é – uma violência fecunda: a de um nascimento, um transtorno que, longe de destruí-lo, dá a vida.

Convém acrescentar: transtorno do ser, como dissemos, o Infinito não deixa de manter relações comprometedoras com ele; para desestabilizá-lo, ele procura seu contato. Portanto, em certo sentido, ele se fenomenaliza, mesmo que seja de maneira bastante paradoxal, como torção infligida às estruturas da fenomenalidade. Poderíamos exprimi-lo deste modo: recusando-se à forma, ele não "é", apesar disso, sem forma ou "informe" como o Uno platônico, mas a própria *deformação* – intimamente interdependente da forma no próprio ato de lhe escapar. Ele é rosto. E o rosto não é fenômeno, nem não fenômeno ou antifenômeno, mas, segundo a feliz expressão de Jacques Rolland, "contrafenômeno".

Era necessário, portanto, arrancar-se radicalmente ao Mundo como derradeira estrutura do aparecer – desvio originário pelo Infinito em sua invisibilidade radical – para alcançar a fenomenologia no aspecto que, de acordo com o sentido estrito dos termos, faz seu âmago e seu contorno, ou seja, o rosto: o contorno, no pressuposto de que um rosto seja precisamente o contorno da fenomenalidade, o que se mostra aí, recusando-se; o que, ao marcar os limites da fenomenalidade, anuncia-se aí, retirando-se logo. E o âmago, no pressuposto de que seja precisamente o rosto, como vestígio ou eco do Infinito, que dá a fenomenalidade a si mesma, a fenomenalidade em que se verifica a coincidência efetiva entre ser e aparecer. Se Lévinas se afasta radicalmente da fenomenalidade é porque se trata do único meio de lhe ser absolutamente fiel: o afastamento é a própria fidelidade.

Fenomenologia judaica, se quisermos, se essa fórmula for entendida como a preocupação com o Infinito que excede os limites do Mundo, a preocupação com o invisível que excede os limites do aparecer. Mas – e omite-se, frequentemente, esta observação –, fenomenologia em que o judeu é integralmente preocupação com o grego, em que o desvio originário pelo Infinito deseja permitir que seja apreendida a própria estrutura de toda fenomenalidade, do ser como aparecer.

Lévinas não é reconhecido como fenomenólogo por quem rejeita considerar que o "desvio pelo Infinito" – em sua própria radicalidade e originalidade – possa reconduzir, em certo sentido, para a fenomenalidade. Essa recusa consiste em deixar de acompanhar o rigor do gesto levinasiano até o fim, em assustar-se com a radicalidade de sua abertura ao – e, sobretudo, pelo – Infinito, interpretando-a como uma simples ida para uma saída definitiva da fenomenologia em direção a um céu teológico qualquer.

É verdade que um princípio fundamental da fenomenologia torna possível e, até mesmo, recomenda tal diagnóstico: o da *ausência de limite* da intencionalidade. Deve-se aceitar sem restrições que tudo – eis o princípio inaugural da fenomenologia – possa ser visto, ser fenomenalizado. Para Husserl, a intencionalidade, que é visão – potência de ver – por excelência e, ao mesmo tempo, o "visto" por excelência – o próprio domínio de toda a visibilidade –, é um absoluto, sem limites. Acompanhar Lévinas é assumir a finitude da fenomenalidade, a existência de limites no campo de nossa visão, não pela dissimulação de algum ser que permanecesse escondido, mas porque o nada – que desestabiliza e faz nascer – limita, assim, a fenomenalidade que ele dá a ela mesma. Desde então, trabalhar no âmago, no íntimo do fenomenológico, consistirá em trabalhar, assumindo todas as consequências, seus limites, no ponto em que ele se interrompe, em vez de se estabelecer em um centro qualquer a partir do qual fosse possível acreditar na ausência de limites.[6]

A necessidade de substituir a linguagem da fenomenologia pela linguagem da ética (a linguagem "do" Outro), proposta por Lévinas no livro *Autrement qu'être*[7], não consiste, de modo algum, em confessar – e, menos ainda, reivindicar – o abandono da fenomenologia, enquanto ela retoma e revivifica a exigência do filosofar grego; pelo contrário, e certamente de forma paradoxal, embora rigorosa, tal postura equivale a ser-lhe verdadeiramente fiel, mediante a mais genuína fidelidade, ou seja, aquela que é fecunda ao tornar-se violenta.

Assim, relativamente ao estatuto da fenomenologia, o litígio entre Lévinas e seus detratores – para além do anátema de "teologização" da fenomenologia – referia-se ao

---

6. Uma observação: alguém poderá ficar com a impressão de que Lévinas se limitou a elaborar uma simples tradução, nos termos da fenomenologia, da ideia judeo-cristã segundo a qual o Cosmos grego, o Mundo da evidência, deve ser não expulso, mas, por assim dizer, envolvido nas relações mais originárias do criador com a criatura. Tal leitura é possível. No entanto, convém indicar com precisão, e trata-se de um aspecto decisivo, que ela é produzida do interior mesmo da fenomenologia...

7. *"A linguagem ética — recurso utilizado pela fenomenologia para marcar sua própria interrupção* [grifo nosso] *— não vem da intervenção ética decalcada em descrições. Ela é o próprio sentido da abordagem que contrasta com o saber. Além da ética, nenhuma linguagem está em condições de igualar o paradoxo em que fica envolvida a descrição fenomenológica que, ao começar pelo desvelamento do próximo, de seu aparecer, o lê em seu vestígio que o faz rosto segundo uma diacronia não sincronizável na representação."* Lévinas, *Autrement qu'être*, op. cit., p. 150. Cf. também o comentário de Derrida a respeito desse trecho in *Adieu à Emmanuel Lévinas*, Paris, Galilée, 1997, p. 95 segs.

estatuto do Mundo e do aparecer, em geral, e, afinal de contas, ao sentido da redução fenomenológica. Será que a redução deve desocultar o aparecer (e, neste caso, o ato de interrupção do ser substancial estático – e, portanto, "mostrável" – é apenas um meio) ou, então, o essencial da tarefa da fenomenologia consistirá em interromper o ser, essa interrupção do ente estático em que o dinamismo da aparição acaba logo por se petrificar e se sedimentar, até mesmo se trair, devendo recomeçar incessantemente? Nesta segunda hipótese, a *epoché* praticada, de preferência, como "interrupção" em vez de "suspensão" tende não propriamente a tornar-se um fim, mas, pelo menos, a deixar de estar confinada no estatuto de etapa, como tal transitória, de simples meio. A segunda hipótese é levinasiana e, então, é nitidamente distinta da *epoché* husserliana.

No que diz respeito à redução fenomenológica, a de Husserl é metódica, enquanto a de Lévinas é, em certo sentido, cética: inassumível, do ponto de vista fenomenológico e, no entanto, legítima no sentido em que ela renasce incessantemente de suas cinzas. Nos escritos lévinasianos – sobretudo, em *Autrement qu'être* –, é recorrente o elogio do ceticismo, "ser contraditório" na história da filosofia que, "incessantemente, renasce de suas cinzas", invencível e inelutavelmente; ora, também inelutavelmente, ele não consegue manter-se estável em sua existência, como tal contraditória (e esse estatuto intermitente lhe convém perfeitamente já que sua função consiste não em definir e estabilizar, mas, ao contrário, em chamar a atenção pelo transtorno).

A queixa da fenomenologia do aparecer e do Mundo contra a fenomenologia levinasiana é, portanto, perfeitamente legítima, em certo sentido baseada na legitimidade semelhante à da queixa da dúvida cartesiana a respeito da dúvida cética. De acordo com essa queixa, a filosofia levinasiana é vítima de um entusiasmo repentino que acaba por se considerar como seu próprio fim e por voltar-se contra sua finalidade primeira: aqui, se nada consegue se estabilizar no ato de aparecer, se nada deve ser deixado em uma paz suficiente para ser mostrável, então, em certo sentido, a fenomenologia torna-se impossível.

Entretanto, inversamente, a redução levinasiana como redução, se quisermos, "cética" – isto é, como redução hiperbólica que se considera a si mesma como fim – renasce sempre, legitimamente, de suas cinzas: o destino inelutável do acontecimento do aparecer consiste em petrificar-se logo no aparecido, no suficientemente estável para ser mostrado – inelutavelmente, a fenomenologia do aparecer atraiçoa-se logo em fenomenologia do aparecido (eis o que é inevitável já que tal atitude evita outra traição de si mesma, simétrica, aquela que encarna precisamente a redução levinasiana em que nada pode ser mostrado).

Na exigência fenomenológica, existe efetivamente um duplo vínculo: a fenomenologia deve livrar-se, incessantemente, de uma parte de si mesma; com efeito, ela encontra-se dividida entre dois exageros que se legitimam reciprocamente, como duas torções simétricas reparadoras (e, assim, destruidoras) uma da outra. E a "boa" fenomenologia não está, de modo algum, em um aspecto quantitativo qualquer entre esses dois exageros, tampouco em uma quietude embotada qualquer. A fenomenologia encontra-se em perpétuo movimento por basear-se, incessantemente, em seus contornos. Dividida entre estes dois princípios contraditórios (o Mundo em que aparecem os entes *vs* a necessidade de interromper o reino do ente em que soçobra o aparecer, já atraiçoado por aquilo que ele leva ao aparecer: o ente); ela é constituída pela luta, pela tensão, entre eles. Ora, essa luta é interminável, essa tensão é irresolúvel, visto que os protagonistas são dotados de uma força equivalente. Nem por isso eles conseguem neutralizar-se; cada um leva a melhor em relação ao outro – e, logo, verifica-se a reviravolta da situação, já que cada fase, cada reino exclusivo de uma das forças da fenomenologia é insustentável, atraiçoa-se a si mesmo: intermitência de fases insustentáveis, cada uma por si mesma. Essa concepção da fenomenologia implica para ela certa temporalidade, temporalidade descontínua e intermitente – que imitaria, portanto, de maneira consequente, a temporalidade como tal, segundo Lévinas: aquela em que o outramente que ser, incessantemente, vem interromper o reino do ser, reino que recomeça incessantemente já que essa é a exigência do *outramente que ser* para se anunciar nele...

Desde então, tudo se torna uma questão de escala: na história da fenomenologia, o momento levisaniano configuraria o momento da redução excessiva que, incessantemente, deve evitar o entorpecimento do aparecer no ser substancial, insustentável se ela deve avançar até o limite do mostrável, absolutamente legítimo e incessantemente renascente. Por sua vez, os momentos husserliano e herdeiggeriano, cada um à sua maneira, corresponderiam a uma fenomenologia que mantém firmemente a exigência do aparecer como exigência do descritível, correndo o risco de renunciar, logo, à redução como interrupção do "mostrável" (da substância como o que pode ser designado, como um "isso aí", segundo a fórmula aristotélica). No entanto, é verdade que, ao trabalhar em uma escala mais sutil, percebe-se, evidentemente, que cada fase (as fases husserliana e heideggeriana, a fase levinasiana) contém em si mesma a "intermitência" em que ela participa.

Assim, já foi dito que, na fenomenologia levinasiana, existe um estatuto para o Mundo; e ninguém melhor que Lévinas foi sensível ao fato de que somente por seu atraso originário é que se faz a prova do Infinito como nada, de que é apenas a partir do contorno da fenomenalidade que o Infinito se anuncia como transtorno desta última. Inversamente, estaria cheio de razão quem lembrasse que Husserl e Heidegger, pelo mesmo impulso que os levou a transformar o aparecer no "princípio dos princípios" da fenomenologia (a Intuição, em Husserl; e o Mundo, em Heidegger), tentaram infatigavelmente pensar no ser como algo diferente de uma substância: aliás, eis o aspecto a que, de maneira consequente, Lévinas é sensível na compreensão do ser pelos dois filósofos.

Lévinas interessa-se pela *vivência* da consciência husserliana, no sentido em que o importante é que, longe de ser uma substância estável e igual a si, ela é habitada por uma "defasagem interna originária", por um "surgimento originário" (que Husserl designa por "impressão originária"). O "presente-vivo", que faz o âmago da consciência, é um acontecimento; de qualquer modo, o contrário de uma coisa.[8] Lévinas lembra também que a grande descoberta heideggeriana consiste em ter, por assim dizer, despertado e feito vibrar a verbalidade do ser[9], em chamar nossa atenção para o verbo *ser* contra o ser-coisa, para o ser como acontecimento de entrada no ser, e não como uma coleção de seres em que cada um é um ser substancial.

Assim, Husserl e Heidegger foram os primeiros – e Lévinas reconhece absolutamente sua dívida para com eles – que tentaram avançar para além da substância estática. Mas eles fizeram questão de pensar em um *ser* não substancial, ou seja, ainda e mais que nunca, no interior do ser – e, desde então, do aparecer ("quanto mais ser,

---

8. Para estas análises, cf. "Commentaires nouveaux" e, em particular, "Intentionnalité et sensation", in *En décrouvant l'existence avec Husserl et Heidegger*, op. cit.

9. Cf., por exemplo, "Intervention dans *Petite histoire de l'existentialisme...*", in *Les imprévus de l'histoire*, op. cit., p. 110-15.

tanto mais aparecer"). Portanto, segundo Lévinas, faltou-lhes radicalidade; como já observamos, eles acabaram "encobrindo o que haviam descoberto". E, efetivamente, o aspecto em que Lévinas se recusa a acompanhá-los é quando eles afirmam o primado absoluto do aparecer. Do mesmo modo que Lévinas elogiou a descrição husserliana do fluxo da vivência e se alimentou com as descrições da sensibilidade, do corpo e da temporalidade que leu em Husserl, assim também ele manterá um distanciamento em relação ao tema da intuição como poder de evidência[10], ou da "redução transcendental" enquanto ela significa, desta vez, "recondução" para uma região absolutamente transparente a si, mestra de si mesma em sua capacidade para se autoiluminar, ou seja, a consciência enquanto ela seria absoluta e centrada por um *Ego*.

Em suma, Lévinas rejeita o princípio gnoseológico, estabelecido por Husserl, da capacidade ilimitada da consciência para "ver", para se dar assim o que aparece, ao reconhecer-se como um poder absoluto de "fazer aparecer". No plano ontológico, esse princípio husserliano significa o poder da consciência para se identificar como uma *presença a si* à qual nada escapa e, menos ainda, ela própria: antigo pacto entre o aparecer e o ser, segundo o qual ser *verdadeiramente* é aparecer e, recentemente – para os modernos –, como consciência, autoaparecer a si mesma.

Se tentássemos responder à questão – eminentemente artificial – de saber se Lévinas é mais tributário de Husserl que de Heidegger, seria necessário dizer o seguinte: Heidegger fornece-lhe a maior parte dos motivos que servem de suporte para sua crítica contra Husserl; entretanto, a partir desse mesmo esforço, vai detectar a insuficiente radicalidade

---

10. Ao passo que, conforme já assinalamos várias vezes, ele havia valorizado o estatuto da intuição em Husserl, com a condição de que ela signifique uma presença ou um contato primordial mais originário que qualquer julgamento teórico.

no próprio Heidegger. Sob a mesma perspectiva, cada um fará avançar a reflexão um pouco mais longe que seu(s) predecessor(es).

Se Heidegger faz vibrar a verbalidade do ser, se ele pensa o ser como puro êxtase, pura saída de si, então a consciência absoluta e intuitiva deixa de ser soberana. Lévinas identifica-se absolutamente com Heidegger nessa crítica de Husserl: trata-se de uma tentativa de redução como interrupção da substância mais radical em relação à abordagem husserliana. Entretanto, no momento em que ele se opõe ao tema husserliano do "*ego* transcendental", Lévinas considera que o tema heideggeriano do Mundo acaba por reconduzir Heidegger ao que ele criticava legitimamente em Husserl: no momento em que o Mundo é um puro exterior que expulsa o *ego* de si mesmo, ele permanece ainda – e mais que nunca – uma instância que faz aparecer, um poder de fazer aparecer, certamente, sem polo de centração subjetivo originário, mas que oferece um espetáculo, que faz brilhar substâncias sobre o palco que ele lhes oferece. O próprio Heidegger, e apesar de tudo, não levaria a cabo sua tentativa de dessubstanciação por não estar preparado para correr o risco do aparecer, para lhe dar um Outro que o predispusesse a evitar sua petrificação em substância.

Deste ponto de vista, para Lévinas, é totalmente significativo que o pensamento heideggeriano considere o ser como último horizonte; assim, era propriamente impossível que ele viesse a conceber um *outramente que ser*. Que o Mundo seja, por assim dizer, a estrutura fundamental do ser em Heidegger orienta-se, em seu entender, no mesmo sentido: o que Heidegger designa por diferença ontológica entre o ser (puro dinamismo que nada é de ente) e o ente (substancial, individuado e como que carregado em si mesmo pelo ser) permanece, em certo sentido, interno ao ser; e, como se verifica reciprocidade entre ser e aparecer, o nada heideggeriano não é radical, mas permanece "contrapartida" do ser. O nada heideggeriano é, por assim dizer, força motriz domesticada do aparecer e, de modo algum, seu absolutamente outro. O pensamento heideggeriano permaneceria *limitado* à aliança indefectível do ser com o aparecer; ele permanece limitado ao ser e ao aparecer, o que significa, de fato, dizer que, em certo sentido, ele os absolutiza, nada concebendo que possa desbordá-los e, de modo algum, desbordar o nada, o outro absolutamente não substancial.

É óbvio que essa falta de "consequência" diagnosticada por Lévinas em Husserl e, em seguida, em Heidegger, poderá ser lida como um contrassenso e uma divagação: contrassenso que vai buscar além do ser o que Husserl e, em seguida, Heidegger haviam conseguido designar como se fosse o âmago (um acontecimento não substancial) e, desde então, divaga, acalentando-se com a ilusão de um outramente que ser: como este nada é de ente e, portanto, carregado diretamente no aparecer, ele deixar-se-ia fenomenalizar apenas indiretamente, no vestígio ou no eco de um rosto.

No entanto, conforme tentamos mostrar, essa fenomenologia excessiva, que excede a fenomenalidade para lhe permanecer fiel, exprime perfeitamente uma das condicionantes fundamentais de qualquer fenomenologia. Ela acentua a exigência de radicalidade na *epoché* como *interrupção* que é deixada, forçosamente, em segundo plano pelas fenomenologias husserliana e heideggeriana, para as quais prevalece, acima de tudo, a exigência do aparecer como exigência do descritível: a fenomenologia levinasiana excede uma das condicionantes da fenomenologia dos grandes antecessores para ser fiel à outra dessas condicionantes. Ela toca o extremo e, inclusive, excede o campo do fenomenológico para alcançar algo de seu âmago. Ela é absolutamente insustentável e absolutamente legítima e, até mesmo, necessária – interrupção do ser: seu próprio ser é incessantemente interrompido e incessantemente renascente.

A fenomenologia levinasiana exige a *epoché* como interrupção radical e consiste integralmente no testemunho dessa interrupção. A fenomenologia levinasiana é o fenomenológico *e* sua necessária interrupção que não pode, de modo algum, constituir um ponto final. A filosofia levinasiana apoia-se em "descontinuações" entre fases fenomenológicas e fases de interrupção do fenomenológico de tal maneira que nenhum desses dois tipos de fases possa ser definitivo: excluem-se reciprocamente e um depende totalmente do outro.

A acentuação levinasiana, inversamente às de Husserl e de Heidegger, terá consistido sobretudo em mostrar que o aparecer depende totalmente do Outro, que o ser depende totalmente de sua interrupção (mas, por consequência, em menor grau, ela terá mantido sempre, também, a recíproca). A quem anatematiza a prática levinasiana da fenomenologia em nome da fenomenologia "pura", convirá dizer o seguinte: certamente, a obra filosófica de Emmanuel Lévinas – que, às vezes, reivindica a denominação de metafísica (por exemplo, no início de *Totalité et Infini*) e exige a ética – interrompe a fenomenologia; no entanto, ela nos ensina sobretudo que tal interrupção continua sendo fenomenologia, talvez mais que nunca.

Vamos terminar, portanto, este capítulo dedicado a "Lévinas e a fenomenologia" voltando a expor, de modo um tanto diferente e sob uma outra perspectiva, o que terá sido seu ensinamento mais importante, em todos os planos: o testemunho de um pensamento fecundo pelo fato de ter sido, em certo sentido, insustentável; em vez

de oferecer algum tipo de quietude ou permitir estabele-
cer-se de forma permanente, ele intima incessantemente a
pôr-se a caminho, indefinidamente, em renascimentos
sempre por vir.

E se, na aurora do século XX, a fenomenologia foi, de
algum modo, a reativação, a reanimação, do filosofar
grego em seu aspecto mais incisivo e mais inaugural,
como *assombro diante do ser*; se ela foi a tentativa para
livrar esse assombro da ganga sedimentada das construções especulativas que o haviam encoberto, neste caso,
Lévinas associou-se com entusiasmo a esse empreendimento. A maneira singular como ele se inscreveu nesse
movimento consistiu na identificação, em seu âmago, do
que lhe era mais intimamente estranho – atitude que é,
como pretendemos mostrar, uma forma de fidelidade,
mas uma fidelidade inquieta que implica a separação.

Lévinas não retomou a formulação de seus antecess-
sores, tampouco deu continuidade ao que havia sido pro-
gramado por Husserl e Heidegger, pais da fenomenologia.
Eis por que sua prática da fenomenologia, prática levada
ao extremo, deve ser avaliada, antes de tudo, não por seu
maior ou menor distanciamento em relação à fenomenologia, mas por sua própria bitola, ou seja, uma obra filosófica (aliás, tentamos apresentar, no capítulo precedente,
seu núcleo). Entretanto, convém insistir sobre o seguinte:
se a obra levinasiana não é o desdobramento de um "pro-
grama" integralmente determinado em Husserl e, poste-
riormente, em Heidegger, nem por isso ela constitui um
contrassenso a considerar como fecundo – ou não – relativamente à fenomenologia. Esta recebeu importante
contribuição da filosofia levinasiana, que, ao traí-la e ao
ter-lhe infligido uma violência fecunda, não deixou de lhe
ser fiel; inversamente, ao extrair um suco inaugural e nutriente da fenomenologia, toda a filosofia levinasiana lhe
é tributária – mas, somente neste sentido.

Tudo o que é legitimamente reprovado em Lévinas, a partir das acentuações husserlianas e heideggerianas da fenomenologia, a partir da fenomenologia do aparecer – se quisermos, a fenomenologia grega –, encontra-se bruscamente legitimado do ponto de vista da acentuação levinasiana que acabamos de descrever. Esta acentua a exigência de ruptura do ser até exigir a ruptura do aparecer que, em seu entender, é absolutamente interdependente deste último: se quisermos, trata-se de uma fenomenologia "judaica" que exige avançar para além de todos os entes substanciais que se apresentam no horizonte do visível *e*, até mesmo, para além do processo de visibilidade, para além do Mundo. Esta fenomenologia consiste, mais exatamente, em expor-se ao apelo não substancial que revela o ser em sua própria visibilidade.

Essas duas abordagens da fenomenologia divergem no seguinte ponto de litígio ou desacordo: a avaliação a propósito da questão de saber se é ou não é, o aparecer e o ser são irremediavelmente interdependentes do imobilismo substancial do ente, desde sempre arrastados em sua direção e envolvidos com ele; ou, então, se o aparecer distinto da coisa aparecida nele é já esse "não petrificado em ente que carrega o ente", procurado pela fenomenologia, ou seja, o ser, finalmente, desembaraçado do imobilismo dos entes – rebentos que dissimulam e atraiçoam a própria fonte. Na segunda hipótese, é loucura procurar para além do ser e do aparecer o que só pode ser alcançado, verdadeiramente, por uma redução visando o aparecer.

Tentamos descrever a lógica paradoxal do duplo vínculo que atribui legitimidade a cada uma dessas duas abordagens da fenomenologia, a "grega" e a "judaica". No entanto, à semelhança do que ocorre com Lévinas, a boa hipótese é, evidentemente, a primeira: tudo o que, em seu trabalho, é diagnosticado às vezes como "fora da fenomenologia" denota, pelo contrário, a maior fidelidade à fenomenologia de acordo com seu ponto de vista.

Assim, Lévinas foi criticado por ter perdido de vista a radicalidade da intencionalidade como "transcendência imanente", se o Outro se oferece como um interlocutor da consciência intencional, como se viesse a seu encontro a partir de um exterior, como o próprio exterior, a exterioridade. A invenção decisiva de Husserl não teria consistido em neutralizar a distinção entre o dentro e o fora, o interior e o exterior, na ideia da intencionalidade, em reenviá-la à sua dimensão simplesmente ôntica? Não haverá, portanto, uma regressão que nos reconduziria à oposição clássica entre sujeito e objeto? Em certo nível de descrição, essa objeção é plenamente legítima (desde que ela não venha a caricaturar-se no contrassenso de transformar o Outro levinasiano em uma hipóstase subs tancial).

Entretanto, do ponto de vista da acentuação levinasiana da fenomenologia, a abordagem husserliana da intencionalidade é que careceria de radicalidade *fenomenológica* (insistimos sobre a ideia de que, para Lévinas, trata-se de ser fiel ao próprio imperativo fenomenológico), no sentido em que ela mantém, apesar de tudo – apesar da reformulação da consciência em termos dinâmicos –, a igualdade a si e a presença a si da consciência como ser, até mesmo como o ser por excelência, que ignora qualquer exterior, qualquer exterioridade em sua absolutidade, para a qual, portanto, não há exterioridade ao ser (a consciência é designada, efetivamente, por Husserl como *Urregion*, região originária e absoluta do ser). Por conseguinte, o Outro levinasiano – a respeito do qual, aliás, nunca ficará suficientemente sublinhado o fato de que ele nada tem de substancial – só é um interlocutor da consciência intencional desde que, ao radicalizar a exterioridade, ele faça explodir a própria partilha – cujo modelo continua sendo mundano – entre interioridade e exterioridade.

Desde então, o desbordamento Infinito da consciência intencional pelo Rosto inscreve-se, no mais íntimo dessa consciência, como a defasagem originária da sensibilidade e da temporalidade.

Do ponto de vista levinasiano, observemos de passagem esse aspecto, a configuração legada pela V *Méditations cartésiennes* de Husserl, nem que fosse votada ao fracasso – *como é o caso* em sua tentativa inaudita de constituir Outrem a partir do *Ego* –, é aquela, portanto, que convém não para "resolver" o enigma de Outrem, mas justamente para experimentar o desbordamento que dá qualquer visada intencional a si mesma. Em certo sentido, aqueles que, por diferentes feições, tentaram resolver o problema de Outrem ao torná-lo secundário e, inclusive, ao designá-lo como um falso problema[11], erraram, na opinião de Lévinas, mais profundamente que Husserl. Ao empenhar-se na tarefa impossível de constituir Outrem a partir do *Ego*, este começou por experimentar o que será formulado por Lévinas: na impossibilidade mesma dessa constituição, é que Outrem se dá paradoxalmente como o que desborda qualquer ato de doação.

Na mesma ordem de ideias – e apesar de ter sido criticado, como vimos, pela produção de "construções" especulativas (o Outro, o Infinito, o próprio Rosto) –, Lévinas é o primeiro a entusiasmar-se pelo projeto fenomenológico que consiste em recusar tais construções especulativas e as

---

11. Fazemos alusão às configurações de pensamento em que Outrem e o Si mesmo já se comunicariam por estarem "desde sempre" "conectados" a um terceiro termo mais originário que eles, o Ser ou o Mundo: evidentemente, estamos pensando, aqui, no circuito do ser, segundo Heidegger; no Mundo, segundo Merleau-Ponty; ou, inclusive, no modelo monadológico que, aos poucos, se impõe no último Husserl.

hipóstases que, fatalmente, elas produzem.[12] De fato, para ele, assim como já havia sido para Husserl, o trabalho de dessubstanciação, de interrupção do reino da ingenuidade do ente, começa pela preocupação em quebrar as significações sedimentadas na linguagem da tradição filosófica ocidental.

Trata-se também para Lévinas de voltar "às coisas mesmas", mas isso não significa, para ele, retorno para o que se dá, subentendido em um horizonte de visibilidade, tendo o Mundo em segundo plano – recondução que reconduz, finalmente, para esse aparecer que faz aparecer o que se dá. O "retorno às coisas mesmas" é reinterpretado por Lévinas como um trabalho de desocultação do sopro não substancial (mais tarde, identificado por ele como o *outramente que ser*), encoberto pelas positividades entre as quais nosso olhar se perde na atitude natural e ingênua, na percepção e, igualmente – e, mais ainda, talvez, para Lévinas –, na ciência e na filosofia ocidental. Eis por que Lévinas inaugura seu percurso de filósofo ao entusiasmar-se pela "análise intencional" husserliana (à qual, de acordo com sua afirmação, é mais tributário que à "redução transcendental").[13] Com toda a razão,

---

12. Cf. "Fribourg, Husserl, et la phénomenologie", in *Les imprévus de l'histoire*, op. cit., p. 103.

13. Cf., por exemplo, "eis a razão pela qual, para mim, o conceito fenomenológico da intencionalidade é muito mais importante que a redução transcendental de Husserl", cf. "Entretien avec Hans Joachim Langer", in *La différence comme non-indifférence, éthique et altérité chez E. Lévinas*, sob a dir. de A. Munster, Paris, Kimé, 1995, p. 135. De fato, contrariamente à análise intencional tal como é interpretada por Lévinas, a redução transcendental husserliana – sempre de acordo com nosso filósofo –, longe de abrir os entes ou as noções para um horizonte — e, assim, "fluidificá-los" –, vai recentrá-los em uma imanência, em uma instância de controle, o *Ego* transcendental. Assim, Lévinas só aceita conotar positivamente a redução fenomenológica se esta não é especificada como "redução *transcendental*". Ele escreve, por exemplo: "A redução fenomenológica nunca nos pareceu se justificar pela apodicticidade da esfera imanente, mas pela abertura do dispositivo da intencionalidade, pela renúncia ao objeto fixo, simples resultado e dissimulação desse dispositivo." Cf. *En découvrant l'existence avec Husserl et Heidegger*, op. cit., p. 134.

ele compreende tal análise como uma empreitada que consiste em saber reinscrever o que se dá a nós em um horizonte que o carrega, de quem depende totalmente, e é esquecido por nós: de fato, o que se dá a nós obnubila nosso olhar. Convém "fluidificar" as positividades que encontramos na ingenuidade da atitude natural, aproximar-nos do "como" da doação dessas positividades ao desenredar o fio de seu horizonte, ao reinscrevê-las em um "horizonte intencional".[14]

Deste ponto de vista, e em relação a Husserl, o que caracteriza Lévinas é, sem dúvida, seu mitigado interesse no nível da doação perceptiva e a tendência a instalar-se, em sua prática de fenomenólogo, no nível das significações constituídas na linguagem. Ele "trabalha" as noções; e, sob as significações sedimentadas, procura descobrir um sopro insuspeito ao "deformalizá-las" e ao torturar sua forma até o limite de levá-las a se sublimarem, liberando o que reprimiam, de preferência ao que deixavam de exprimir.

Um escritor

De acordo com sua explicação, Lévinas procede com método, ou seja, o da "hipérbole", do "excesso".[15] Ele

---

14. Lévinas evoca, por exemplo, "a nova ênfase e o brilho de certas análises fenomenológicas — essa impressão de deformalizar noções e coisas que elas deixam (...). Os objetos são arrancados à sua precária fixidez para cintilar no vaivém dos raios entre o doador e o dado." (Ibid., p. 133).

15. Sobre "a exasperação como método de filosofia", conforme a expressão utilizada por Lévinas, cf. "Questions et réponses", entrevista incluída no livro *De Dieu qui vient à l'idée*, Paris, Vrin, 1982, em particular as páginas 140-3. Ao qualificar, então, seu método como filosófico — ao insistir sobre o fato de que se trata, para ele, de um método autenticamente fenomenológico — que procede por "ênfase" ou por "sobrelanço", Lévinas acrescenta esta precisão: "A nova ideia se justifica, não por basear-se na primeira, mas por sua sublimação" (Ibid., p. 142). E explica que é dessa maneira que, por exemplo, ele "passa" da *responsabilidade* por Outrem para o inaudito da *substituição*...

exerce violência sobre as noções, levando-as, por assim dizer, ao limite, até o extremo de si mesmas, até o ponto em que se destroem e liberam aquilo mesmo que haviam sufocado e traído. Por este gesto ou estilo levinasiano, como já sublinhamos amplamente, a *epoché* fenomenológica se traduz, da forma mais fidedigna, por "interrupção" (em vez de "suspensão", por exemplo). Deparamo-nos com um ritmo violento, sincopado, com a descontinuidade e a ruptura – sensível na tortura infligida, por Lévinas, à sintaxe (existe uma profusão de frases pronominais, paratáticas), sem que seja possível, de modo algum, reduzi-la a uma questão de "estilo" no sentido debilitado de ornamento retórico. Esse ritmo da síncope ou, melhor ainda, da "intermitência", tende a tornar-se cada vez mais pregnante à medida que se constitui a obra levinasiana.

Conviria, talvez, modular a descrição apresentada, aqui, a respeito do método fenomenológico levinasiano, nem que seja de uma forma fortuita: no seu trabalho de dessedimentação, de dessubstanciação, das significações, Lévinas serve-se de um *duplo ritmo*.

Certamente, o aspecto predominante – cada vez mais marcante – é efetivamente o da "intermitência", do gesto violento da ruptura, da ênfase ou do sobrelanço. No entanto, conviria não esquecer que existe outro ritmo, como se ocorresse em surdina, desse método. Assim, os termos utilizados por Lévinas, em determinados contextos, são significativos: por exemplo, "deformalizar", "fluidificar", inscrever em "estruturas de horizonte", "refração de raios", preocupar-se com o "implícito" e com o "potencial"... Como se, para ele, o gesto fenomenológico fundamental de dessubstanciação pudesse conhecer dois regimes: o regime majoritário da dessubstanciação como descontinuidade violenta da ruptura e inteireza do sobrelanço, como "passagem à força"; e o regime, por definição, mais discreto, "dublê" do primeiro, de uma dessubstanciação atuante na "continuidade" "modulada" de graus imperceptíveis, em uma fluidez fugaz e inapreensível, através do "encadeamento de imagens". Uma dessubstanciação atuante na "labilidade" e "usurpação" características do sensível, diria Merleau-Ponty.

E é precisamente aí que pretendemos chegar. Pode-se dizer que, apesar de serem "pensadores da ambiguidade", Lévinas e Merleau-Ponty se opõem na maneira como se manifesta essa ambiguidade: no segundo, a ambiguidade da escrita filosófica pretende exprimir a continuidade lábil, incoativa – dominada completamente pela usurpação – do Mundo no horizonte da percepção; ao passo que, no primeiro, ela significa, antes de mais nada, a descontinuidade, o corte radical da intermitência pelo qual o Infinito ganha sentido.

Entretanto, apesar de nos parecer pertinente e portador de ensinamentos para quem mostre interesse pelo método fenomenológico, este diagnóstico maciço, se for abordado com mais atenção, deverá ser modulado. A oposição franca entre o estilo fenomenológico de Merleau-Ponty e o de Lévinas não seria duplicado por uma conivência secreta, como se a sombra do primeiro trabalhasse determinado nível da prática levinasiana da fenomenologia (em momentos raros – mas, talvez, decisivos – em que, e tal aspecto deve ser sublinhado, a análise da percepção é levada em conta por Lévinas e lhe serve de modelo...)?

Neste livro, não seria possível aprofundar este dossiê. No entanto, através desta breve análise do uso levinasiano do método fenomenológico, assim como através da comparação esboçada com o uso merleau-pontiano, manifesta-se esta evidência incontornável: em Lévinas, a análise fenomenológica continua a fazer-se por um trabalho de escrita; à semelhança de Merleau-Ponty, Lévinas é um filósofo escritor.

Assim, o que é verdadeiro, sem dúvida, de qualquer filósofo – ou, então, diríamos, de forma mais circunspeta, de uma linhagem de filósofos porque, neste aspecto, a própria ideia de filosofia é questionada e não se pode tomar uma decisão a seu respeito por uma informação acessória – o é, ainda mais, de Lévinas: para ele, o trabalho de escrita faz parte integrante da elaboração de seu pensamento filosófico. Lévinas é um escritor e não simplesmente um escrevinhador. "Mexer" com os conteúdos das noções na língua, excedê-los para provocar a mudança ou, antes, a mutação, de suas significações para que elas testemunhem o acontecimento e do dinamismo da significação; avançar até o limite do gesto de ruptura que a sintaxe, enquanto ela é "reunião", pode suportar e experimentar a fim de testemunhar seu contraditório; eis o sentido essencial, para Lévinas, da atividade do filósofo fenomenólogo.

A este propósito, ainda uma observação. Em primeiro lugar, se ele é escritor e se – diferentemente de Husserl, por exemplo – Lévinas não considera a prática da língua como um instrumento transparente e improdutivo em si mesmo, então o fato de ter escrito em *francês* merece ser levado em conta. Tanto mais que, até certo ponto, este idioma é "escolhido". No que lhe diz respeito, a alternativa entre língua materna e língua de adoção é, por assim dizer, curto-circuitada: sem dúvida, o russo e o hebraico haviam sido seus "primeiros" idiomas – aliás, ele nunca há de esquecê-los, nem ocultá-los; sem dúvida, o alemão, cultivado durante os estudos junto a Husserl e Heidegger, foi o idioma privilegiado do filosofar – e, à semelhança do que havia sido para seus mestres, o herdeiro da língua grega. No entanto, sua opção pelo francês para escrever resiste particularmente à seguinte configuração: língua materna/língua de cultura.

Significativamente, a escolha do francês para escrever sua filosofia, indissociável da deliberação de solicitar a nacionalidade francesa e de endossar o uniforme francês durante a Guerra, é apresentada por Lévinas como a *escolha* do *enraizamento* em um solo; o idioma francês é designado por ele como um solo nutriente que prodigaliza uma seiva específica.[16] Alguém poderia espantar-se com a extrema reserva – para não dizer aversão – de Lévinas em relação às ideologias do enraizamento, associadas à natureza, ao "gênio", até mesmo ao sangue. Aliás, voltaremos ao assunto no último capítulo deste livro. Mas eis que *escolher seu enraizamento* é recusar, de um lado, o destino dos "povos florestas" – para retomar uma expressão levinasiana – que, de suas raízes, pretendem extrair a obscuridade do privilégio de seu sangue, fechando-se à universalidade da humanidade; e, do outro, a ingenuidade de um "pensamento de proeminência" (como afirma Merleau-Ponty), transparente a si mesmo, intuição de significações fixadas em sua determinação.

O pensamento de Lévinas é, neste sentido, um pensamento da habitação – mas, se quisermos, enquanto "inquilino": ele nos indica que pensamos sempre de um "lugar qualquer", a partir de um corpo, de um lugar, sem deixarmos de ser integralmente um testemunho do universal. E, também, pelo mesmo movimento, ele nos indica

---

16. Assim, Lévinas declara a François Poirié: "é o solo dessa língua que, para mim, é o solo francês — certamente, o senhor compreende. Eu ainda falo fluentemente o russo, razoavelmente o alemão e o hebraico, leio o inglês, mas pensei frequentemente, no início da Guerra de 1939, que ela havia sido declarada para defender o francês! Dá a impressão de ser uma piada, mas eu pensava nisso seriamente: é nessa língua que sinto as seivas do solo". Entrevista com F. Poirié, in *Emmanuel Lévinas qui êtes-vous?*, Lyon, La Manufacture, 1987, p. 72 [Cf. F. Poirié, *Emmanuel Lévinas: ensaio e entrevistas*, São Paulo, Perspectiva, 2007, p. 61. (N. T.)].

que, neste aspecto, não há propriedade, nem privilégio misterioso deste ou daquele lugar, sangue ou idioma.

Assim, conviria abster-se, aqui, segundo nos parece, de especular exageradamente a respeito dos "gênios" respectivos de cada idioma (em que o francês e o alemão, por exemplo, permutam, de acordo com os referenciais, o privilégio do rigor...). Tendo adotado a língua francesa e, ao mesmo tempo, tendo sido adotado por esse idioma, Lévinas aderia, sem qualquer dúvida, a determinada imagem da França, ou seja, como berço das "Luzes", como pátria da "Revolução Francesa", dos "direitos humanos" e da emancipação dos judeus: "feliz como Deus na França", eis a máxima que circulava entre as comunidades judaicas do Leste Europeu no final do século XIX e início do século XX... A situação concreta era, sem dúvida, mais contrastante, mas isso pouco importa aqui. Para Lévinas, esse solo específico é que parece ser o mais propício para o labor de seu filosofar; é desse solo que ele extrai o combustível para seu pensamento.

Essa atitude será tanto mais compreensível se nos lembrarmos que um modo legítimo de ler Lévinas consiste em evocar que, para ele, o pensamento esclarecido deve ser "desiludido"[17] de si mesmo; que se trata de despertar da embriaguez em que está mergulhado o pensamento livre e claro das *Luzes* por ele mesmo (deve-se despertar de uma consciência vigilante); que, entretanto, essa desilusão não consiste, de modo algum, em desembaraçar-se do *Aufklärer* ébrio, mas em interessar-se, mais que nunca, por ele, despertando-o incessantemente, de novo, dele mesmo.

Se o filosofar levinasiano for caracterizado dessa maneira, então o idioma francês, não em decorrência de

---

17. No original, *dégrisée*, particípio de *dégriser*, cujo primeiro sentido é "tirar alguém do estado de embriaguez". [N. T.]

qualquer privilégio de natureza, mas por ter servido de instrumento na elaboração da obra de Descartes, Rousseau, Voltaire – assim como de Bergson (cuja filiação às *Luzes*, na verdade, não é assim tão evidente, mas ele foi justamente o primeiro a despertar a razão esclarecida dela mesma) –, não teria sido um "lugar qualquer" particularmente favorável para seu enraizamento?

Em relação a este aspecto, conviria acrescentar que o francês é também o idioma de Proust.[18] Ao fazer tal afirmação demasiado alusiva, pretendemos referir-nos a uma língua que, segundo Lévinas, é o exemplo mesmo do trabalho com a ambiguidade e a equivocidade, trabalho propriamente literário e, inclusive, poético, que nos desperta da ingenuidade da intuição de significações transparentes. Se é perfeitamente legítimo identificar o poético em ação no filosofar levinasiano, seria necessário, porém, não esquecer que, no seu discurso propriamente dito, Lévinas mostrou-se sempre extremamente hesitante diante da ambivalência da poesia e, em geral, de qualquer arte:[19] se é bom e até mesmo necessário desiludir-se a respeito da transparência, convém, logo, evitar entregar-se definitivamente aos poderes de enfeitiçamento da arte, que, por romper exageradamente com a substância, corre o risco, em um movimento de oscilação, de produzir algo pior que o ser, ou seja, sua caricatura, uma multiplicidade de ídolos; e, além disso, por romper exageradamente a consciência soberana, corre o risco de inebriar-se com a irresponsabilidade.

O filósofo deve fazer-se escritor sob determinadas reservas: assim, ele não deve abandonar-se aos poderes mágicos da escrita.

---

18. Cf. "L'autre dans Proust", in E. Lévinas, *Noms propres*, Montpellier, Fata Morgana, 1976; nova ed., Paris, Le Livre de Poche, 1987, p. 117.

19. Cf. E. Lévinas, "La réalité et son ombre", in *Les temps modernes*, nov. 1948, incluído in *Les imprévus de l'histoire*, op. cit., p. 123-48.

* * * *

Assim, pelo fato de que o rosto, como vestígio, ao pressupor a fenomenalidade, procura mais que nunca desestabilizá-la e evitá-la, a ética levinasiana pressupõe a fenomenologia de tal maneira que romper com o fenomenológico equivale a apegar-se a ele, a preocupar-se com ele. Lévinas nos ensina que a ética é interrupção da fenomenologia; no entanto, pelo mesmo impulso, ele nos ensina também que essa interrupção constitui, por assim dizer, o cerne do fenomenológico como tal – e não seu além definitivo. Para nosso filósofo, como já sublinhamos, afastar-se da fenomenologia significou sempre permanecer-lhe fiel. Não há um além do fenomenológico em que seja possível, por assim dizer, apoiar-se definitivamente pela liberação, a sério, do aparecer e do método que lhe convém. A ideia de um processo em que o "momento fenomenológico" fosse superado pelo "momento ético" é também algo de estranho à filosofia levinasiana.

Essa fidelidade como separação implica um uso surpreendente do método fenomenológico, ou seja, exerce uma violência maciça sobre ele e, segundo nos parece, exige fazer apelo – um apelo tão necessário quanto a reserva, que, no entanto, deve acompanhá-lo sempre – aos recursos do poético.

Se, nas linhas precedentes, nossa apresentação foi bem-sucedida, o leitor sabe agora que, apesar de não ser uma ciência, a fenomenologia levinasiana é elaborada com absoluto rigor.

4

Lévinas e o judaísmo

A contribuição de Lévinas para a transmissão de um judaísmo vivo, após a Grande Guerra, foi considerável. Seu papel relevante na comunidade judaica francesa manifestou-se por seu ensino na ENIO, assim como através de suas numerosas intervenções, por exemplo, no *Colóquio anual dos intelectuais judeus de língua francesa*, do qual ele tinha sido um dos fundadores, ou, ainda, em revistas editadas pela comunidade judaica (*L'Arche*, *Information Juive*, etc.), além de outras, tais como *Esprit* e *Les Temps Modernes*.[1]

Neste aspecto, também, parece-nos que as posições de Lévinas assumem uma ambiguidade notável. Ao refletir sobre a existência judaica após o extermínio perpetrado pelos nazistas, Lévinas observa que o modelo – encarnado exemplarmente por Léon Brunschvicg[2] – do judeu emancipado e, em seguida, assimilado, que acredita no

---

1. É possível encontrar um grande número desses textos em *Difficile liberté*, op. cit.

2. Filósofo francês (1869-1944) que se tornou uma figura dominante da filosofia universitária francesa do período entre as duas Grandes Guerras. Desenvolveu uma filosofia racionalista e idealista; autor de vários livros, entre os quais *L'expérience humaine et la causalité physique* (1922) e *Le progrès de la conscience dans la philosophie occidentale* (1927).

Homem universal preconizado pelo Iluminismo, foi profundamente desestabilizado, sem ser possível retomá-lo de uma forma idêntica. Aliás, sobressai de alguns de seus escritos, às vezes mais particularmente destinados para um público judaico, uma vontade de lutar contra a dissolução da identidade judia. No entanto, convém acrescentar imediatamente o seguinte: não se trata de defender, de modo algum, um "nacionalismo" concreto, tampouco, em primeiro lugar, a especificidade de determinado povo – mesmo que, evidentemente, se imponha sempre sua defesa desde que ele esteja em situação de perigo. A pertinência de Israel decorre, antes de mais nada, daquilo que ele significa, do que pode representar como sentido para a humanidade em geral.

Lévinas chegou a lembrar que, ao ler o Talmude, de acordo com o exemplo de mestres prestigiosos, ele nunca atribui um sentido étnico ou nacionalista ao termo "Israel": sem dúvida, este designa o excepcional, mas tal denominação é atribuída à conduta ética excepcional, venha ela de onde vier; por sua vez, o pertencimento de fato a Israel não conferiria, por assim dizer, automaticamente um caráter de exceção. E se nosso filósofo se dedica à tarefa de facilitar a compreensão da sabedoria do Talmude – enquanto esta é precisamente uma sabedoria, por assim dizer fora da história, a transmissão de uma tradição que evita envolver-se irrefletidamente no tumultuado movimento da modernidade –, ele não deixa de assinalar que se trata, antes de mais nada, de mostrar como essa antiga tradição fala a *todos* a partir da mais viva *atualidade*.

Ou, ainda, se ele constata que a Segunda Grande Guerra e seu contexto haviam destruído definitivamente, em seu entender, o que poderia ter sido, para alguns, o aspecto sedutor do esquecimento de si do judeu assimilado ao europeu, inversamente, ele intima a juventude judaica a precaver-se contra um retraimento particularista, voltado para si mesmo. Ele a intima a não rejeitar, por exemplo, a figura de um Léon Brunschvicg: sem dúvida, ao ter desaprovado o exemplo de assimilação representado por este pensador, Lévinas não deixa de respeitar absolutamente a exigência de universalismo que o conduzia para além de todos os particularismos – mesmo que ele pense que esta maneira de chegar ao Universal não seja a mais adequada uma vez que pressupõe o desaparecimento do judaísmo de quem a pratica. Lévinas temia que, em decorrência do traumatismo dessa guerra, alguns tivessem sido levados a um "mau" retorno ao judaísmo como retraimento voltado para um particularismo étnico, até mesmo, para um nacionalismo. Assim, em vez de uma forma de enraizar a identidade judaica em um território, de conduzi-la em direção a um nacionalismo eventualmente ufanista, ele considerava o Estado de Israel como a possibilidade, totalmente legítima, para o exercício da sabedoria judaica como sabedoria do para-Outrem, enfim, para uma real concretização da "justiça". É apenas no âmbito de um Estado independente que a exigência de justiça – no sentido em que é entendida por Lévinas – pode concretizar-se plenamente[3], sem ter de respeitar, aqui, outros direitos nacionais.

Um "pensador judeu"?

Assim, tendo sido evocado – como se impunha – o empenho permanente de Lévinas em viver, meditar e transmitir o judaísmo, as páginas seguintes serão dedicadas ao estatuto da cultura judaica *na* sua filosofia.

---

3. É verdade, como já tem sido observado com frequência, que ele se exprimiu raramente sobre a violência que, inevitavelmente, acompanha a concretização da sabedoria judaica do para-Outrem, em determinado Estado e, em particular, sobre as relações entre Israel e os palestinos.

Como já foi profusamente sugerido no capítulo precedente, a "presença" do judaísmo é decisiva na filosofia levinasiana. Ele chegou mesmo a descrever seu discurso filosófico como a exigência "de enunciar em grego os princípios ignorados pela Grécia" (AV, 233). Apesar de ter considerado o "ser judeu" como uma existência e uma exigência essenciais, Lévinas manteve sempre a maior reserva diante da denominação "filósofo judeu", que, por vezes, lhe foi atribuída, reiterando incessantemente a afirmação de uma firme distinção e de uma autonomia recíproca entre seus escritos filosóficos e seus "escritos confessionais" (expressão que ele utilizava para qualificar, com senso de humor, suas "leituras talmúdicas").

Deve-se, imediatamente, afastar dois sentidos equívocos superficiais: Lévinas não foi um "filósofo judeu" do mesmo modo que se pode dizer que Tomás de Aquino foi um "filósofo cristão" no sentido bem nítido em que os livros sagrados do judaísmo (a Torá) e o Talmude não são invocados, seja em que grau for, como prova nem de maneira geral como argumento de autoridade. Será possível fazer a tentativa de mostrar, na mesma ordem de ideias, embora a pertinência desta objeção seja mais incisiva que a precedente, que o judaísmo de Lévinas nem sequer constitui um dado positivo específico em que a filosofia levinasiana estivesse enraizada e, finalmente, lhe servisse de fundamento, um *positum* que, sem ter sido questionado por ela, tivesse constituído sua condição prévia, jamais submetida à sua indagação – se esse fosse o caso, ela seria, no sentido estrito, uma teologia. Parece-nos que o pensamento levinasiano também não pode ser reduzido a uma simples reativação "moderna" – apropriável pelos netos de rabinos e, por assim dizer, de padres – da mensagem bíblica para uma época marcada pela indiferença das pessoas que, no entanto, estão sedentas de espiritualidade.

Dito isto, se o pensamento de Lévinas não tivesse sido trabalhado – no sentido mais profundo de "inspirado"– pelo judaísmo, ele seria simplesmente inexistente. Preocupado em respeitar estritamente as exigências da filosofia, Lévinas – como já lembramos – desconfiava da denominação de "pensador judeu" que lhe foi atribuída, em particular, por Jean-François Lyotard. Mas, diante da insistência deste filósofo, que, por ocasião de um encontro[4], declarou-lhe em substância que, apesar de saber de sua indignação relativamente a esse qualificativo, ele o mantinha já que sua obra só poderia ser o que ela era – uma grande obra – com a condição desse qualificativo, Lévinas acabou por aceitar que, *unicamente nesse sentido*, compreendia tal insistência relativamente à inscrição do judaísmo em sua filosofia.

Compreender a relação de Lévinas com o judaísmo é, no fundo, compreender a razão pela qual a indiferença diante dessa inspiração, sob pretexto de conservar a pureza filosófica do texto levinasiano, corresponderia à uma forma de mutilação; e, inversamente, seria igualmente mutilante acomodar a filosofia levinasiana à religião, no caso concreto, à religião judaica – seja para deplorar ou, pelo contrário, enaltecer tal procedimento (afinal, estas duas atitudes são convergentes).

Em primeiro lugar, e de forma esquemática, constatemos a "presença" do judaísmo na filosofia levinasiana.

A "presença" mais óbvia é, se quisermos, de natureza temática. De um modo maciço, ela aparece na exigência de abrir o Cosmos – finito e determinado dos gregos,

---

4. Cf. *Autrement que savoir, Emmanuel Lévinas*, Paris, Osiris, 1988, Débat Général, p. 67-95.

enquanto suporte de toda a visibilidade – para o Infinito invisível. Desde então, desencadeia-se a problemática da *criação*; Deus cria a partir do *nada*. A abertura do Cosmos para o Infinito é, aqui, considerada não como um ser além, mas, de forma mais radical, como um além do ser. Eis o que era impensável para os gregos: pelo mesmo impulso, o Infinito, o além da luz, a criação *ex nihilo*, portanto, o nada de ser.

A concepção do tempo oriunda dos gregos é completamente desestabilizada: o tempo deixa de estar dividido unicamente entre a eternidade do ser pleno e o devir do ser que existe precariamente, ou seja, o ser sensível; ele implica a radicalidade de uma passagem do nada para o ser e, em seguida, a radicalidade da relação do criador com sua criatura, relação de fidelidade e de traição, de esquecimento e de retorno – temporalidade eminentemente dramática, descontínua, em certo sentido, a predecessora da diacronia. É verdade que Lévinas está mais vinculado à *criatura*, ao ponto de vista da *criatura* (ele não evita o termo e, inclusive, utiliza-o preferencialmente nas obras que, em seu entender, são estritamente filosóficas), que ao tema da criação como tal – neste aspecto, ele desborda um problema estritamente teológico para abordá-lo logo sob a perspectiva do filósofo e, até mesmo, do fenomenólogo.

Trata-se de descrever a condição de criatura e de suas implicações, desde que tenha sido possível reconhecê-la como fundamental para a existência do humano, em vez de levar em consideração, de saída, os problemas legados por uma tradição religiosa a propósito da criação.

Essa é "a intuição fundamental", se é que é possível exprimir-se deste modo, que inspira a filosofia levinasiana; trata-se da própria raiz tanto do judaísmo quanto do cristianismo. Ao trabalhar em uma escala mais sutil, é possível reconhecer determinadas "noções" regionais claramente definidas no pensamento de Lévinas; aliás, parece absolutamente legítimo estabelecer, desta vez, a filiação de tais noções – por exemplo, *há*, separação, proximidade e, até mesmo, rosto – na tradição especificamente judaica, como é lembrado, de maneira bastante esclarecedora, por Shmuel Trigano.[5]

De sua análise, limitar-nos-emos a retomar aqui alguns pontos particularmente relevantes. Assim, a surpreendente noção levinasiana de *há* – tão específica e original no contexto fenomenológico, cujo significado é a existência bruta e indeterminada que não tem força para avançar em direção ao *outramente que ser*, nem, inversamente, a força do ser, dos seres na determinação e na individuação de cada um – faz pensar na maneira como o pensamento rabínico exprime a ideia de criação *ex nihilo*: "há (que é extraído) do não há". Eis a explicação de S. Trigano:

> "Esse há manifesta o caráter terrível da confusão abissal do Gênesis que designa o momento em que o ser é criado, sem ainda estar formado..."[6]

De forma ainda mais fundamental e exemplar, convém sublinhar que a noção de "rosto" – tão central em Lévinas – evoca a definição maimonidiana de *panim*, compreendida a partir de *panim el panim* (o face a face como presença, sem intermediário). De acordo com S. Trigano, essa noção é elaborada por Maimônides ao comentar o versículo do Deuteronômio (4,12) – "Ouvíeis o som das palavras, mas não enxergáveis figura alguma;

---

5. Cf. "Levinas et le projet de la philosophie-juive", in *Rue Descartes*, nº 19, *Emmanuel Lévinas* (org. de D. Cohen-Levinas), Paris, PUF, fev. 1998, p. 141-64.
6. *Ibid.*, p. 149.

era apenas uma voz!" – que faz eco a uma frase do Êxodo (33,20): "Não poderás ver minha face". Ideia de uma presença sem mediação que, pelo mesmo impulso, pressupõe o caráter inapreensível, sempre na ausência do que, apesar de tudo, se dá assim. Maimônides sublinha também que o termo hebraico *panim* pode significar ainda o "respeito", o "cuidado" por Outrem; e, enfim, que existe igualmente um uso desse termo como advérbio de tempo para designar a anterioridade. Face a face sem mediação que, entretanto, advém paradoxalmente apenas como a impossibilidade de uma apresentação e de uma presença plenas; face a face que se manifesta desde então como uma "anterioridade absoluta" em relação à qual estarei, desde sempre, atrasado – uma vez que ela é, de fato, anárquica no sentido de "sem começo" – e que, por isso mesmo, obriga-me e me impõe o "tomar cuidado", a partir de tal distância, desse atraso irrecuperável. Teria sido possível caracterizar, de forma mais fecunda e mais rigorosa, a noção de "rosto" segundo Lévinas?

Uma filosofia inspirada

A verdadeira questão é a do estatuto dessa filiação judaica – absolutamente indubitável – em relação aos filosofemas centrais do pensamento levinasiano. O interesse concentra-se nesse aspecto: trata-se de autênticos filosofemas, de elementos elaborados filosoficamente; no entanto, a aplicação desses temas ou conceitos não se faz, integralmente, à luz do *logos* (se é que, algum dia, esse tipo de conceito possa existir). E, se eles resistem particularmente a essa tematização, isso tem a ver com sua procedência judaica. De fato, além de herdar noções do judaísmo – que, neste caso, exerceria apenas a função de uma *cultura* –, Lévinas enfrenta o que se inaugura no dom das tábuas da lei, ou seja, não simplesmente uma revelação particular (sua mensagem seria, porventura, universal), mas a própria invenção da *revelação*. A filosofia levinasiana correu o risco de adotar o que a religião judaica inaugura como modo de relação com a verdade, ou seja, a revelação, *sem limitar-se a esse aspecto*.

Já insistimos amplamente sobre este ponto: a irrupção do Outro (ou, se preferirmos, do Infinito ou de Deus) não se deixa confinar em um *logos*; ela é precisamente o que não se deixa esclarecer, nem articular, segundo as membruras do ser; ela é o que, como tal, dilacera o próprio funcionamento em que a organização de formas lógicas reflete a articulação do ser. Desde então, ela escapa à *apophansis*, à preocupação com a definição e com a prova. Não acabamos de descrever, pelo menos, em negativo, a revelação como modo de doação da verdade? Eis o que ofusca a razão e seu trabalho, impondo a "ação antes da intelecção", segundo o versículo comentado por Lévinas em uma de suas leituras talmúdicas. Para descrevê-la sob outra perspectiva, seria possível dizer: uma relação com a verdade segundo a qual eu sou não ativo e em situação de controle, mas, absolutamente passivo e atônito diante daquilo que me escapa absolutamente e se apodera de mim.

Lévinas lida com a revelação, como tal, de acordo com as exigências da Torá, mas não a suprime; pelo contrário, ela encontra-se no âmago de seu discurso. Todavia, e parece-nos que esse é o aspecto decisivo, eis o que não transforma sua filosofia em uma teologia, tampouco em um discurso edificante, impregnado de fé[7]: enquanto modo de adesão a essa verdade específica que é a revelação, mais precisamente como maneira específica de ser capturada

---

7. Apesar da inexistência na tradição judaica ou, pelo menos, na língua hebraica, de um termo que corresponda exatamente à palavra "fé" [*foi*], esta palavra é utilizada por Lévinas.

por ela. Neste caso, o importante consiste em compreender que a abordagem filosófica do Infinito ou do Outro, sua efração, contendo todas as características da revelação que acabamos de citar, não é estritamente – e de modo algum – a revelação porque não se trata, precisamente, de uma relação com a verdade.

Além de não dar testemunho de um modo diferente da relação com a verdade, de um saber diferente que, como tal, viesse a referir-se a um ser diferente (Deus), Levinas não extrai do cerne do judaísmo – e falta-nos a competência para avaliar o que tal procedimento supõe de proximidade e de distância em relação ao judaísmo a respeito do qual, aliás, convém não esquecer que nosso filósofo é, por assim dizer, um tanto "displicente", heteróclito – uma relação diferente com uma verdade diferente (como é o caso de Franz Rosenzweig[8], em quem, no entanto, Lévinas se inspirou bastante e para quem, de forma consequente e diferentemente do discurso levinasiano, a noção de revelação é central); em vez disso, o que ele extrai do cerne do judaísmo é um *outramente que saber* que me relaciona com o *outramente que ser*.

Desde então, como afirma Lévinas, "outramente que saber não é a crença"[9]; ora, sem qualquer dúvida, ele entende "crença" no sentido profundo de fé, considerando que a crença – ou a fé – continua sendo, e mais que nunca, um saber, ou seja, um modo de relação com a verdade. A filosofia levinasiana não é teologia, nem está enraizada em uma fé – confessional – porque ela não extrai do judaísmo qualquer elemento positivo, nem qualquer dado específico ou qualquer verdade específica, mas, por assim

---

8. Filósofo (1887-1929), autor de *L'étoile de la rédemption* (1921) e de uma tradução da Torá para o alemão (com a colaboração do filósofo Martin Buber).
9. Cf. *Autrement que savoir,* op. cit., p. 91.

dizer, a defecção de todo o ser e, portanto, da própria ideia da verdade. Neste sentido, ela nada revela ou, então, se quisermos, e em última análise, revela o nada (Lévinas certamente não teria utilizado esta maneira de dizer).

De forma bastante paradoxal, mas extremamente rigorosa, Lévinas radicaliza a diferença entre a filosofia e o que é testemunhado pela Torá, evitando reconhecer-lhes qualquer terreno comum (o ser e a verdade – somente os modos de acesso seriam diferentes, opostos, na distinção entre fé e saber racional, concebidos como duas espécies que continuam pertencendo ao mesmo gênero); deste modo, ele se coloca a salvo de qualquer contaminação – no sentido de confusão – da filosofia por uma fé, a fé judaica.

Procedendo assim, ele neutraliza o sentido da concorrência, sempre implícita, entre as duas vias de acesso (pelo fato de que, por um lado, elas têm maciçamente o mesmo terreno e, por outro, é possível "regionalizar" diferentes ordens de verdade) e conserva na filosofia grega a exclusividade da relação com o ser e, portanto, com a verdade. Lévinas não substitui, de modo algum, a relação grega, filosófica, com a verdade por uma relação diferente com a verdade que, neste caso, seria a relação não propriamente da revelação judaica, mas a relação judaica da revelação com a verdade em que a segunda viesse a ser concorrente da primeira e, sub-repticiamente, lhe corrompesse as condicionantes. Ao manter, assim, radical e infinitamente aberto o abismo que as separa é que será possível, pelo mesmo movimento, unir esses dois discursos "em um corpo a corpo teratológico" de maneira a evitar que eles venham a corromper-se reciprocamente, mas cheguem a relacionar-se intimamente, para sempre "intimamente estranhos" um ao outro, mantendo-se unidos por se excluírem.

Compreende-se, então, o "mal-entendido" suscitado por Lyotard, que, além de ter atribuído a Lévinas o qualificativo de "pensador judeu", afirmou que "manteria tal posição", apesar do constrangimento do filósofo de origem lituana. Lyotard tinha absoluta razão em sublinhar que a filosofia do colega dava testemunho de algo absolutamente estranho à filosofia como tal, que é o próprio inconcebível para os gregos – e que convinha manter tal posição. Mas talvez tenha dado provas de inabilidade ao qualificar essa efração judaica na filosofia grega como "revelação".

Certamente, esse termo aparece, às vezes, nos textos de Lévinas, mas nunca como uma noção central, pelo menos nos escritos designados por ele como estritamente filosóficos; e ao indicar, eventualmente, um modo específico de doação de uma verdade específica, tal modo nunca é apresentado como garantia para esse discurso.[10] Se, por sua vez, Lévinas oferecia resistência ao qualificativo de "pensador judeu" é pelo fato de ter julgado inaceitável – com toda a razão – que alguém pudesse defender que seu questionamento filosófico estivesse fundamentado e se firmasse na autoridade de um modo de acesso à verdade que menosprezasse as exigências do *logos* filosófico; neste caso, ao adotar tal facilidade, a validade de sua argumentação ficaria dependente da limitação do modo de acesso específico que é a revelação e, até mesmo, da revelação específica (a lei mosaica dada no Monte Sinai) – mesmo que seu conteúdo fosse universal. Eis por que, no texto levinasiano, a lei mosaica, muito mais que uma revelação, funciona – no sentido estrito do termo – como *inspiração* (aliás, será possível observar que, ao conotar positivamente a noção de revelação, Lévinas tende, de fato, a orientá-la no sentido da noção de inspiração).

---

10. O termo "revelação", associado ao termo "rosto", aparece de maneira tematizada em *Totalité et Infini* e, menos frequentemente, em *Autrement qu'être*; a proporção inversa é válida para a noção de inspiração.

Dizer que a filosofia levinasiana é *inspirada* pela lei de Moisés é afirmar não propriamente que a temática da segunda se inscreve na primeira, mas que a filosofia levinasiana se inspira da própria inspiração; em vez de adotar esta ou aquela inspiração, ela se serve da inspiração como tal. Com efeito, no âmago de seus textos filosóficos, Lévinas deixa repercutir não propriamente a revelação, mas o fato de que o judaísmo, segundo ele, terá "inventado", antes de tudo, a inspiração.

Mas o que é a inspiração? Ela significa que uma palavra carrega em si a própria marca do que a excede; o que a excede e, portanto, dá-se unicamente ao não se dar de forma absoluta, ao recusar-se logo. Palavra desestabilizada, cuja origem não se encontra em si mesma, e que não se controla; que dá testemunho ao deixar-se assombrar pelo que, no entanto, há de escapar-lhe sempre. Palavra trabalhada por uma separação originária para sempre não saturável; palavra que não se recupera, nem se tematiza a si mesma. No sentido estrito dos termos levinasianos, Dito trabalhado pelo Dizer do Infinito. Palavra *inspirada* ou, então, para utilizar outra maneira de dizer, palavra *profética*.[11]

Portanto, não é simplesmente à maneira de uma cultura que o judaísmo trabalha a filosofia de Lévinas – tampouco como uma fé –, mas como uma inspiração. Em seu âmago, essa filosofia é mais trabalhada pelo profetismo que pela revelação.

Dizíamos que, tendo estabelecido, pela introdução do Infinito, a separação radical entre a filosofia grega e a inspiração judaica, Lévinas consegue "uni-las teratologicamente", sem que uma seja corrompida pela outra.

---

11. Sobre a questão da inspiração, cf., por exemplo: C. Chalier, "Pour une pensée inspirée", in *Epokhè*, nº 2, Millon, 1991.

Se Deus é Deus, se o Infinito é o Infinito, se ele "é" além do ser, então, sua existência não poderia ser comprovada. A própria questão da existência de Deus é não pertinente. E, aqui, a exigência mais elevada de "Deus" – um nome diferente para designar o Infinito – supera a oposição entre o crente e o ateu, que, justamente, discutem "ainda" a existência de Deus. Será que a filosofia levinasiana tenta curto-circuitar a alternativa entre fé e ateísmo? Filosofia para além da fé e do ateísmo? Filosofia que se torna atenta a algo de mais originário que a fé e o ateísmo? De maneira geral, o Infinito é sempre atraiçoado por qualquer saber que tenha a pretensão de conhecê-lo e, até mesmo, por qualquer tematização. Não lhe convém a linguagem da atribuição lógica, nem da predicação; eis a posição que Lévinas faz questão de defender absolutamente. Ele desconfia de qualquer debilitação de Deus na aliança entre o ser e o *logos*; além disso, evita qualquer risco de teologia no sentido de uma tentativa de domesticar Deus em um lugar que o viesse a contrariar radicalmente. Inversamente, nenhuma autoridade vinda de alhures conseguiria substituir a exigência da questão, da definição e da argumentação, no cerne do discurso filosófico.

No entanto, a radicalidade dessa partilha entre o Infinito e, no sentido estrito, a ontologia formula desde logo a questão da possibilidade do eco do Infinito no lugar habitado por *todos* os homens, ou seja, o Mundo – o ser, a luz e o *logos* – a partir do momento em que o filósofo não se permite o acesso pela revelação. E esse é, precisamente, o aspecto interessante: a separação radical que, em certo sentido, coloca o Infinito *fora de alcance* do *logos* filosófico, não impõe, de modo algum, a instalação de um acesso diferente à doação do Infinito que dispensasse os recursos da filosofia ou de um discurso preocupado em definir e comprovar, em articular e argumentar;

e que, desde então, se entregasse inclusive ao seu contrário – a irracionalidade ou, no mínimo, o não racional – como modo de acesso à verdade.

Encontra-se aí uma importante sutileza do pensamento levinasiano: Lévinas é, certamente, o primeiro a sublinhar a exigência bíblica "agir antes de entender (compreender)", mas essa violência perpetrada contra o *logos*, esse traumatismo necessário, não significa, de modo algum, o apelo ao sentimento místico como modo de acesso a uma verdade para sempre dissimulada à razão. Lévinas mostrou sempre uma extrema reserva diante das versões místicas e "irracionalizantes" do judaísmo, tal como a do hassidismo, ou ainda diante de certa maneira de compreender a Cabala.[12] Por um rigoroso paradoxo, sua exigência de exclusão máxima entre o Infinito e o *logos* provoca uma prática tão rigorosa do *logos* apofântico que este deve limitar-se a *seus próprios recursos* para dar testemunho do Infinito que lhe há de escapar sempre – e precisamente na distância, incessantemente reaberta, entre ele mesmo e o que lhe escapa é que o *logos* dá testemunho, sempre "em atraso", do eco ou do vestígio daquilo que nunca se dará plenamente. O tecido da argumentação filosófica deve ser absolutamente compactado para enfrentar em melhores condições a ferida do que virá desestabilizá-lo.

A exigência talmúdica

Eis por que o exercício do comentário talmúdico é tão decisivo para Lévinas. Decerto, pode-se observar factualmente e, por assim dizer, "sociologicamente" que ele está enraizado no "judaísmo lituano" – herdeiro do

---

12. Literalmente: tradição. Domínio da tradição judaica que aborda a Criação e o divino.

grande talmudista e grande místico Gaon de Vilna (1720-1797), obstinado opositor ao hassidismo – que privilegiava tradicionalmente tal comentário em relação ao comentário direto da Bíblia. Mas o importante, sobretudo, é que esse comentário oferece precisamente a Lévinas o modelo da relação de um *logos* com o Infinito, adequado à exigência descrita mais acima.

O Talmude propriamente dito foi redigido no século V de nossa era; ele constitui uma síntese racional de tradições, costumes e leis que, aos poucos, tinham se formado no seio do povo judeu. Deste ponto de vista, trata-se de um esforço de clarificação e classificação. Portanto, o Talmude pode aparecer como uma tentativa de associar uma rigorosa prática de abstração à concretude sensível mais prosaica, já que ele chega a evocar as regras a cumprir nas situações cotidianas mais comuns – e, às vezes, mais incongruentes para nossa racionalidade moderna. Assim, segundo parece, os termos concretos, utilizados frequentemente no Talmude, não são simples imagens pelas quais princípios abstratos se tornam sensíveis, nem símbolos no sentido estrito que exigissem uma interpretação em uma ordem espiritual ou conceitual e se dissimulassem por trás dessa significação abstrata. O Talmude poderia caracterizar-se por certa maneira de considerar o concreto como se fosse permeado imediatamente por uma estrutura abstrata, a tal ponto que nunca houvesse a possibilidade de separar o concreto do abstrato: o sensível não é apenas um suporte possível, embora contingente, para uma significação abstrata, e, inversamente, a determinação abstrata nunca poderá liberar-se absolutamente do sensível.

Dessa característica essencial pode-se extrair duas implicações importantes. Em primeiro lugar, na esteira de Georges Hansel, que nos inspirou amplamente a análise precedente, pode-se deduzir que o projeto talmúdico é profundamente um projeto ético se este "implica fusão íntima do mais puro abstrato com o mais trivial concreto".[13] Tal observação é, evidentemente, significativa quando se trata de esclarecer as razões pelas quais o judaísmo de Lévinas – o pensador da ética – é essencialmente a parcela do judaísmo manifestada pelo Talmude. A segunda implicação da fusão do concreto com o abstrato no Talmude é, explicitamente, meditada por Lévinas ao propor a ideia de uma "dialética talmúdica": uma vez que é impossível isolar definitivamente a significação abstrata do suporte concreto e sensível, uma vez que "o espírito nunca chega a dispensar a letra que o revela", então as realidades e figuras concretas suscitam significações que já, em retorno – por se projetarem sobre os suportes concretos que as fizeram surgir –, reanimam sua capacidade para significar e produzir novas significações... e assim por diante, em um vaivém infinito que, por sua vez, recomeça incessantemente – ondas e ressaca. Neste caso, afirma Lévinas, "a dialética do Talmude assume um ritmo oceânico" (QLT, 21).

Pode-se detectar a ideia de que o sentido (o que faz significar, ou seja, o Infinito em seu outramente que ser) habita o texto sem nunca se dar absolutamente, de que ele volta a abrir incessantemente a tentativa de tematização e de que somente uma tentativa rigorosa de tematização – no entanto, por definição, inexistente – poderá dar testemunho de sua busca, incessantemente recomeçada, do Infinito. O que se exige aí é um trabalho de *interpretação infinita*. Existe interpretação a partir do momento em que o sentido não é imediata e plenamente dado; há interpretação infinita a partir do momento em que a separação é

---

13. G. Hansel, *Explorations talmudiques*, Paris, Odile Jacob, 1998, p. 252.

irredutível. Mas há interpretação também no sentido em que a tentativa de reabsorver essa separação, longe de conceder a autorização para proceder de qualquer maneira – se a separação é Infinita, não será que tudo pode ser dito? –, exige, pelo contrário, o maior rigor no plano da lógica (essa é a exigência grega) que se associa à preocupação de nunca infringir o mandamento ético da prioridade de Outrem (essa é a exigência mosaica integralmente concentrada no "Não matarás").

Compreende-se então o estatuto absolutamente decisivo atribuído ao Livro no pensamento levinasiano. Ler um livro, no comentário talmúdico (assim como no trabalho filosófico) é soprar sobre cinzas incandescentes, tentar a reanimação de um sentido, ou seja, por seu sopro assumir o revezamento ou, antes, deixar-se capturar pelo sopro *anárquico*, anterior a qualquer origem, que o terá *inspirado*. O Livro é lugar de inspiração, lugar de uma inspiração que importa saber despertar ou, antes, pela qual importa saber deixar-se despertar.

Daí, as "Leituras talmúdicas" apresentadas por Lévinas, durante vários anos consecutivos, por ocasião do *Colóquio anual dos intelectuais judeus de língua francesa*, que dão testemunho da grande importância atribuída por ele, através de seus comentários, ao Livro; daí também a importância dos livros em geral na sua prática da filosofia. Entretanto, em seus textos de autor (se colocarmos de lado seus comentários de Husserl e de Heidegger por conservarem, sobremaneira, a marca das convenções universitárias), Lévinas consegue mostrar certa desenvoltura não só com a tradição filosófica, mas também com os escritos de seus contemporâneos. Suas obras – *Totalité et Infini*, assim como *Autrement qu'être* – estão despojadas praticamente de referências precisas e de citações. Evoque-se, por exemplo, a formulação da homenagem a

Franz Rosenzweig (convém sublinhar que, no livro *L'Étoile de la Rédemption*, ele foi o primeiro a elaborar a noção de Rosto) nas primeiras páginas de *Totalité et Infini*:

> A oposição à ideia de totalidade chamou nossa atenção na obra *Stern der Erlösung* de Franz Rosenzweig; sua presença tão frequente neste livro dispensa-nos de citá-lo. (TI, XVI)

No entanto, essa aparente desenvoltura – pelo uso preferencial da alusão, em vez da citação – significa justamente uma relação com o sentido que é diferente daquela totalmente objetivante utilizada, como sabemos, nos escritos universitários: assim, o texto não é considerado um objeto que pudesse ser analisado (por exemplo, ao dissecar a argumentação desta ou daquela obra) ou invocado como prova objetiva, positiva ("eis a citação que torna válida minha exposição"). Mas, tal atitude será o sinal de um pensamento tão preocupado com ele mesmo – maciçamente, um pensamento de autor – que se limitasse a manter uma relação superficial com os livros dos outros? Ou, pelo contrário, não será o sinal de uma relação fundamental com essas obras precisamente uma capacidade para se deixar *inspirar*?

Paradoxo de uma violência, de um traumatismo infligido aos textos que se deve "distorcer", saber considerar sob uma perspectiva insuspeita que, no entanto, eles impunham, desde sempre, a partir de si mesmos – violência que, em retorno, supõe uma exposição radical do que se diz por força desses pensamentos? Lévinas não terá simplesmente caricaturado Platão e Descartes ou, ainda, simplesmente utilizado o respaldo da cultura ocidental através de uma relação meramente superficial, quando ele transforma o Uno platônico no além do ser e a ideia de Infinito cartesiana em maneiras de perceber a intuição que orienta seu pensamento? Não teria conseguido deixar-se inspirar por elas? Deixar-se inspirar por elas, ou seja, "soprar sobre cinzas incandescentes", mostrá-las de um modo como elas nunca haviam sido vistas ao utilizá-las como ninguém o havia feito anteriormente – longe de travesti-las, desenvolver uma de suas possibilidades, o que Heidegger designa por seu *impensado*? Em um sentido, Lévinas depende inteiramente desses livros da tradição filosófica; e, em outro, ele lhes dá algo. Tal postura não corresponderá ao que se entende por "ler um texto de maneira inspirada"?

Assim, o judaísmo não alimenta unicamente – tampouco em primeiro lugar – o pensamento de Lévinas "de um ponto de vista temático": a "passagem do bastão" temático nunca é, aliás, o essencial em relação justamente com a inspiração. A própria maneira de fazer filosofia, em Lévinas, é afetada por essa inspiração, pela Torá. Tal inspiração apoia-se integralmente nessa afecção: proceder de maneira que a obra de filosofia não consista em "argumentar" a respeito do Infinito – o que acabaria por atraiçoar os dois protagonistas –, mas que uma argumentação rigorosa faça a experiência do Infinito e dê testemunho dessa prova.

Deste ponto de vista, evitaremos discorrer sobre as impressionantes afinidades que o método fenomenológico, concebido por Lévinas como "deformalização" de noções positivas e sedimentadas (exposto no capítulo precedente), mantém com a interpretação talmúdica, que, no plano da definição, poderia ser abordada de maneira semelhante (no momento em que, inversamente, seria conveniente qualificar a "deformalização" fenomenológica, segundo Lévinas, como sopro inspirado sobre cinzas incandescentes). Além disso, mesmo que Lévinas, a nosso conhecimento, não tenha procedido explicitamente a essa comparação – por receio, sem dúvida, de suscitar confusões e de ser criticado por "contaminar" o filosófico pelo "confessional" –, as palavras que frequentemente qualificam um dos métodos são utilizadas também para qualificar o outro.

O judeu, o grego

Parece que já é tempo, agora, de enfrentar, frontalmente, e esclarecer o melhor possível uma dificuldade mencionada nas linhas precedentes. Onde é que se situa, realmente, a radicalidade do pensamento levinasiano? Na estrita separação entre o filosófico e o "confessional", cuja exigência é incessantemente reiterada pelo próprio Lévinas, ou, pelo contrário, no entrelaçamento, por assim dizer, no corpo a corpo de seus textos, sejam eles comentários talmúdicos ou reflexões filosóficas?

Ao exigir com tamanho rigor a distinção e a autonomia recíproca desses textos, Lévinas procurava evitar qualquer dúvida sobre a pertinência de sua filosofia. Enquanto esta se baseia em uma argumentação rigorosa que, de modo algum, extrai sua autoridade de uma revelação, além de se apoiar na interpretação dos versículos para encontrar um sentido que fosse válido universalmente, para toda a humanidade – e, em particular, para a humanidade moderna, de aqui e agora –, não será a leitura talmúdica levinasiana também um exercício legítimo de filosofia como tal? Se refletirmos bem nesse aspecto, teríamos tendência a interpretar a exigência levinasiana de proceder à separação efetiva entre as lições talmúdicas e os livros de filosofia como um simples imperativo destinado a obter mais clareza na comunicação ou, talvez, como certa denegação. É evidente que não pretendemos defender, seja para aprová-la ou deplorá-la, a tese de uma confusão ou de uma absorção – ou, inclusive, simplesmente de uma subordinação – do filosófico em relação ao discurso religioso. Antes, pelo contrário.

Em primeiro lugar, convirá sublinhar que o próprio Lévinas, por trás das grandes declarações de separação, mantém de maneira, sem dúvida, não explícita e "refletida" uma espécie de "equívoco" ou de "ambiguidade" (retomamos seus termos) entre os dois registros: o da inspiração, segundo o judaísmo, e o da filosofia. Assim, em *Totalité et Infini*, ele não utiliza, sem qualquer hesitação, a palavra "religião" para qualificar a relação autêntica com Outrem? Ele não introduz o termo "Deus", sem qualquer precaução, em seus textos filosóficos (é verdade que "Deus" é também um dos principais conceitos da tradição filosófica; no entanto, o Deus que ele designa, neste caso, não é justamente o dos filósofos, mas o de Abraão, sem recorrer pelo mesmo movimento à revelação como garantia de sua argumentação). Inversamente, Lévinas não hesita – por exemplo, em suas leituras talmúdicas – a evocar a "filosofia do judaísmo", designando dessa forma, por um lado, a exigência de universalização que o judaísmo reivindica em seu ensino e, por outro, a preocupação do Talmude no sentido de formular, por assim dizer, "existenciais" válidos para qualquer existência humana autêntica.

No entrelaçamento pelo qual a relação entre o filosófico e o religioso é tanto mais estreita quanto mais firme é sua exclusão recíproca; no entrelaçamento pelo qual eles se relacionam e se implicam um ao outro a tal ponto que, pelo mesmo impulso, evitam absolutamente ser confundidos; e pelo qual um deles acompanha incessantemente o outro como uma sombra – ou, talvez, melhor, como sua luz –, sem nunca se misturar com ele;

nesse entrelaçamento, portanto, qual é o ganho de cada um dos protagonistas?

Na tentativa de esboçar uma resposta para esta questão, pode-se observar, na esteira de S. Trigano,[14] que Lévinas inscreve-se na tradição do que é possível designar por "filosofia judaica", inaugurada por Fílon de Alexandria, e cujos representantes eminentes – Maimônides, na Idade Média, e Rosenzweig, no início do século XX – são particularmente significativos na perspectiva de uma filiação que se prolonga até Lévinas (o qual chegou a reconhecê-los como grandes inspiradores de seu pensamento). Assim, para utilizar uma forma alusiva, Maimônides propõe no livro *Guia dos Perplexos* uma interpretação da Torá ao mostrar que a tradição, a recepção da revelação, não contradiz as exigências da Razão; a partir daí, ela pode ser universalizada. Além disso, esse pensador medieval tende a transformar a exigência de racionalidade (cuja encarnação, por excelência, teria ocorrido com a filosofia grega) em um parapeito, em uma propedêutica ou, para resumir, em uma disciplina que permitisse à fé, como acesso a Deus, depurar-se dos elementos sensíveis que envolvem a religião com o sobrenatural e a superstição.[15]

Na tradição da "filosofia judaica", encontra-se maciçamente a exigência de traduzir a recepção da revelação nos termos da filosofia grega, não para debilitá-la ou traí-la, nem, inversamente, para corromper o elemento filosófico, mas, ao contrário, para fornecer maior envergadura à tradição que transmite a mensagem da revelação, para liberá-la de todas as abordagens frágeis e fáceis de si mesma (religião dos milagres e dos anjos, idolatria).[16] Trata-se de

---

14. S. Trigano, op. cit.

15. Gérard Haddad, *Maimônides*, na nossa coleção Figuras do Saber, vol. 4.

16. Sem dúvida, para Lévinas, o cristianismo expõe-se particularmente a esse risco, do qual a religião judaica — enquanto religião — não está isenta.

torná-la – certamente, à força de uma exigência – irredu-tível à razão, mas que não se limita a ser sua mera contradi-ção e, neste caso, tendo a possibilidade de formular-se na linguagem do universal (mesmo que seja para detectar, a partir desse tipo de formulação, o que lhe escapa).

É certamente legítimo inscrever Lévinas nessa perspec-tiva da "filosofia judaica". Como mostramos, ele volta a preocupar-se em discernir o outramente que ser de todas as suas cópias desvalorizadas. Assim, a exigência de pas-sar do sagrado para o Santo[17] implica o trabalho necessá-rio e salutar de desembaraçar o Santo (o *outramente que ser*) do que lhe é semelhante, mas se torna tanto mais trai-çoeiro quanto maior for tal semelhança, além de induzir em erro relativamente ao que ele "é" ou, antes, em relação ao seu além do ser. O Sagrado tende a inscrever no ser o que, de fato, fulgura como "outramente que ser".

Ao encher a natureza com potências misteriosas, ele identifica-se com o paganismo. Ao pensar em Deus como um "super-ser", o ser "supremo", ele assume o falso sen-tido mais terrível, a maior afronta ao *outramente que ser*, maximizando nele os atributos de seu contrário: aparência do divino, a pior das traições que se retrai no interior do ser e, assim, desfigura a diferença entre o ser e o *outra-mente que ser*. Essa é a pior das feitiçarias: aquela que, tendo abandonado os mistérios da natureza, característi-cos do paganismo ingênuo, pratica a maior traição a Deus ao pressenti-lo na sua própria desfiguração; aquela que fica à espreita, justamente, dos que se desviarão da própria fé monoteísta (os judeus, mas isso seria válido também para os outros dois monoteísmos). Neste empreendimento, Lévinas retoma o gesto maimonidiano para radicalizá-lo

---

17. Para a análise que se segue, cf. E. Lévinas, *Du sacré au saint: cinq nouvelles lectures talmudiques* (Paris, Minuit, 1977), em particular, a terceira leitura, intitulada "Désacralisation et désensorcellement", p. 82-121.

(uma vez que, para ele, tratar-se-ia, talvez, de avançar para além da própria fé que é, ainda, saber).[18]

E a exigência de "desenfeitiçamento" do Santo passa pela filosofia pois a filosofia será, aqui, a exigência de tornar acessível a universalidade de Deus a partir da universalidade do *logos* ou da razão, aliás, única universalidade compartilhada verdadeiramente por todos nós, desde sempre (mesmo que tal reconhecimento nem sempre seja evidente), antes de qualquer revelação e fé específica; universalidade, por assim dizer, deste mundo a partir da qual e na qual deve ocorrer a abertura para o Infinito. É necessário abrir a razão para o que a excede, mas a partir de suas próprias exigências.

Para exprimir com termos bastante diferentes do vocabulário de Lévinas, o que este pretende fornecer à tradição – que recolhe e mantém a recepção da revelação, ao traduzi-la para o grego, de acordo com as exigências da cultura grega – é uma formulação "bottom/top"; ora, como tal, ela é, por excelência, "top/bottom". Assim, ele garante a essa "mensagem" universal não simplesmente a universalidade confirmada do conteúdo, mas a imediatidade e a universalidade do acesso a esse conteúdo; por ter passado com sucesso pela prova dessa tradução, ela será por direito acessível a todos e, em certo sentido, imediatamente, no pressuposto de que seja verdade que "o bom senso é a coisa mais bem partilhada no mundo" – o que não é o caso, por definição, da revelação.

De qualquer modo, as declarações de Lévinas feitas neste sentido são numerosas: o que a filosofia dá – e que só pode ser dado por ela – é a capacidade de produzir ou,

---

18. Observemos, de forma fortuita, que — por certos aspectos, mas, é claro, em uma "bifurcação" cristã — uma parte do trabalho de J.-L. Marion pode ser lida sob esta mesma perspectiva. Cf., por exemplo, *L'idole et la distance*, Paris, Grasset, 1977; e *Dieu sans l'être*, Paris, PUF, 1991.

pelo menos, de tentar produzir a universalidade; ela é o espaço ao qual cada um deve ter acesso, pelo fato de ser intercambiável com todos os outros. Além disso, diante da suspeita de que sua filosofia seja proveniente de uma ordem de Deus, da Torá, Lévinas responde que, pelo contrário, o que ele diz a respeito da relação com Outrem é produzido integralmente de acordo com uma argumentação filosófica e, inclusive, mais precisamente de acordo com uma análise fenomenológica (que visa a universalidade da essência) das relações humanas como tais. E é somente a partir dessa base, suficientemente fundamentada, que ele remonta, por assim dizer, a um "segundo tempo" em direção à Torá como se tratasse de uma formulação possível e, até mesmo – e evidentemente – segundo ele, como a mais sublime das expressões; no entanto, Lévinas não se serve, de modo algum, dessa expressão para designar a epifania do Infinito, no rosto de Outrem, como fonte de toda a significação.

Esse "tema" é elaborado integralmente a partir da exigência e das imposições da prática da filosofia – mesmo que seja como a marca, no próprio plano da filosofia, do que a excede.

Eis por que, nesta nossa tentativa de introdução à leitura de Lévinas, pretendemos expor o capítulo intitulado "A ética, o rosto" sem evocar a autoridade da revelação e, menos ainda, fundamentalmente, "o judaísmo de Lévinas". A precedência desse capítulo em relação ao texto sobre "Lévinas e o judaísmo" é, inclusive, uma exigência de nosso filósofo: a intuição que havia sido enfatizada pelo judaísmo – mas da qual ele não é "proprietário" – deve ser apreendida a partir do campo da filosofia e de seus próprios recursos, mesmo que esta nunca consiga formulá-la integralmente, nem possa confiná-la; pelo contrário, a intuição é que abre radicalmente a filosofia para o Totalmente Outro.

Sem dúvida, no itinerário biográfico de Lévinas, o enraizamento na tradição judaica e o fato de ter pressentido, nessa tradição, a exigência do rosto de Outrem precedem o trabalho integralmente filosófico de elaboração dessa "intuição"; inclusive sem esse enraizamento o "homem" Lévinas talvez não tivesse realizado tal trabalho. Mas, esse não é o aspecto mais importante: o que conta é que Lévinas tenha assumido o compromisso de produzir, a partir da filosofia e limitando-se aos próprios recursos dessa disciplina, a exigência do que excede as possibilidades de tematização da filosofia.

Desde então, trata-se de filosofia e, com ela, se é que se pode falar assim, de uma "universalidade primordial": de saída, somos todos iguais na descoberta da injunção do outramente que ser, do rosto de Outrem.[19] Em primeiro lugar, nesse rosto – que todos nós, e cada um, podemos encontrar na rua, em qualquer rua, em qualquer lugar no Mundo – é que significa "a origem mais antiga que toda a origem" de todo o sentido; a própria Torá é apenas um eco, por mais sublime que seja, dessa injunção. E, até mesmo, para ler verdadeiramente a Torá, é necessário ter deixado que o olhar desfaleça sob a influência de um rosto – e não o contrário. Mesmo que a leitura da Torá seja, integralmente, um incentivo a encontrar "o rosto", *quase* um rosto em si mesma, ela não poderia substituir a prova do rosto de Outrem (ao passo que o inverso, segundo nos parece, é verdadeiro).

Assim, nesse "entrelaçamento teratológico" do judeu com o grego, da tradição como recepção da revelação e

---

19. Voltaremos ao assunto no próximo capítulo: incumbe à filosofia abordar, de forma exclusiva e insubstituível, a dimensão que leva em consideração o terceiro, ou seja, a igualdade e a justiça.

da filosofia, esta leva a melhor, segundo Lévinas, por ter a possibilidade de testemunhar da fonte *anárquica* de toda a significação sem se atraiçoar – sobretudo, ao não atraiçoar-se (é verdade que ela deve aceitar, então, de passar do registro exclusivo da argumentação racional para o registro da argumentação racional como lugar da prova do que a excede e do testemunho dessa prova).

Inversamente, nesse "entrelaçamento teratológico", a inspiração como maneira de se deixar capturar pelo *outramente que ser* tem interesse em se tornar, de saída, acessível a todos os homens em sua igualdade, emancipando-se, por assim dizer, dos limites da escolha preferencial. Pelo mesmo impulso, a relação com o Infinito – com Deus no sentido radical e preciso em que Deus não é *algo de* ser – é fortalecida nessa radicalidade, despojada, por assim dizer, de todas as ficções que consideram Deus como um fragmento da natureza e, de forma ainda mais geral, um ser. De fato, o sentimento e a imaginação tendem, inelutavelmente, a fantasiar um ser; ao passo que, paradoxalmente em primeiro lugar e sem deixar de ser uma consequência, somente o rigor e, em certo sentido, a abstração do *logos* podem abrir-se para o que os excede absolutamente (no entanto, correndo, também e ainda, o risco de que, indevidamente, algo seja petrificado em um tema e considerado como um ser – esse é, propriamente falando, o risco da filosofia como ontologia).

Assim, a autêntica relação judaica com a revelação é descrita por Lévinas como relação que não se opõe à filosofia, mas a contém em si e a supera. Se a filosofia é descrita por Lévinas como "tentação da tentação"[20], ou seja, como desejo de posse e de controle no próprio gesto de

---

20. Cf. a segunda leitura, in E. Lévinas, *Quatre lectures talmudiques*, Paris, Minuit, 1968.

desligamento que preserva a liberdade e a soberania do Eu, então, a fé na revelação como desapossamento de si, como rapto, supõe a aceitação de uma limitação dos poderes do sujeito racional; portanto, além de não se opor à razão, a fé supõe seu trabalho desde sempre em ação, como uma desilusão salutar por evitar que a fé na revelação venha a cair, aquém de si mesma, no sentimento do sagrado, mesmo que o próprio caráter da fé – a fé entendida corretamente, ou um além da fé, a inspiração? – consista em desiludir-se dessa mesma desilusão. Para a fé, trata-se de "superar" a filosofia, ou seja, de contê-la ainda, e mais que nunca, em si; com efeito, se for necessário desiludir a filosofia pela inspiração, inversamente, impõe-se que a filosofia desiluda a inspiração de uma ingenuidade sempre possível da fé (e, até mesmo, talvez, da fé como ingenuidade).

Assim, o entrelaçamento pelo qual a inspiração e a filosofia se exigem mutuamente no próprio movimento de radicalizar a diferença entre elas retrai-se no interior de cada um dos protagonistas: tal é a radicalidade da *ambiguidade*, segundo Lévinas, que torna tão difícil o gesto de partilha na própria recusa de qualquer confusão.

O *aspecto carnal do rosto, o amor: judaísmo e cristianismo*

Antes de concluir estas observações relativas ao judaísmo "na" filosofia de Lévinas, é impossível esquivar uma questão: a do judaísmo especificamente, ou seja, no mínimo, enquanto ele não é, precisamente, o cristianismo. Além da fé monoteísta, em geral, a filosofia levinasiana é inspirada pela lei mosaica, de preferência ao "Sermão da

Montanha", à mensagem de Jesus. E se nos referimos, de novo, à interlocução entre Lyotard e Lévinas, já aludida no início deste capítulo, então, é impossível deixarmos de observar que, ao afirmar em substância a Lévinas – "eu o considero realmente um pensador judeu e mantenho minha afirmação" –, Lyotard não se refere somente à revelação em geral, mas a esta revelação específica que é a judaica. Implicitamente, nosso filósofo responde ao interlocutor: "O senhor não é, de modo algum, um pensador cristão e mantenho minha afirmação." Ainda neste aspecto, a resposta de Lévinas não está destituída de hesitação, mesmo que termine por concordar com o julgamento de Lyotard. Essa aquiescência diz, em substância, o seguinte: "Se, ao qualificar-me como pensador judeu, o senhor pretende sublinhar a diferença de meu pensamento em relação a alguns temas centrais do cristianismo, neste caso, dou-lhe razão".

Mas, tal atitude implica, é claro, uma *ambiguidade*; e, por termos acompanhado Lévinas durante algum tempo, sabemos que, em vez de dissipar essa ambiguidade, ele está empenhado em experimentá-la radicalmente. Eis o que, em seguida, temos intenção de fazer.

No debate já mencionado, sobre esta questão precisa, o "diálogo" entre Lyotard e Lévinas é, na realidade, de preferência, uma discussão entre três interlocutores já que conta também com a participação de Jean-Luc Marion, que insiste, com razão, sobre o seguinte ponto: em Lévinas, o termo "ética' deixou de ter o significado que lhe era atribuído pela filosofia grega e ocidental até aqui, em particular porque, ao designar a relação com Outrem, ele pode receber facilmente o qualificativo de "amor".

Aliás, Marion observa que, em seus últimos textos, Lévinas não hesita em utilizar esta palavra (cujo emprego havia sido evitado, até então, por ele – em particular, no livro *Totalité et Infini*). E Lévinas manifesta absoluto acordo com essa observação de Marion: ao designar a relação com Outrem, ele a qualifica de bom grado como "amor sem concupiscência" (ou, inclusive, "caridade"). Ora, Lévinas sabe perfeitamente que o cristianismo, em suas versões predominantes, concebe-se em geral como a "religião do amor" (e considera a caridade como uma das virtudes teologais). E sabe também, evidentemente, que o cristianismo assumiu tal designação para marcar sua diferença em relação – e, até mesmo, para se opor – à "religião da Lei", ou seja, a religião judaica. Neste caso, deveríamos concluir que o judaísmo "subjacente" à filosofia levinasiana, para abordar este aspecto de maneira demasiado imprecisa, está "próximo" do cristianismo? Mas, não é verdade que Lévinas acabou concordando com a afirmação de Lyotard segundo a qual sua filosofia é absolutamente fiel às duas dimensões constitutivas do judaísmo, ou seja, o Livro e a Lei, pelas quais ela se distingue absolutamente de uma inspiração cristã?

Neste aspecto, existe uma ambiguidade essencial; assim, convém apreender seu poder de esclarecimento por trás de sua aparente desorientação.

Sem aprofundar o assunto, poderemos sublinhar, de maneira fortuita, que essa ambiguidade é perceptível na biografia do homem Lévinas: enquanto personalidade da comunidade judaica, na França (como dissemos, ele foi diretor, durante vários anos, da École Normale Israélite Orientale), Lévinas preocupou-se incansavelmente em consolidar o judaísmo em sua especificidade, depois de ter sido submetido à dura provação do Holocausto, em mantê-lo vivo e diferente, mas sem deixar de preocupar-se sempre, pelo mesmo impulso, em inscrevê-lo harmoniosamente no âmbito do Estado Francês. Além disso, ele empenhou-se em trabalhar em prol de uma abertura recíproca com o cristianismo após o traumatismo da Segunda

Grande Guerra: Lévinas nunca recusou, pelo contrário, mantinha participação em encontros interconfessionais. Ele lembrava, frequentemente, com todo o seu reconhecimento, que a mulher e a filha só tinham escapado dos nazistas graças à proteção de membros da Igreja católica; além disso, sentia imensa honra por ter sido convidado, várias vezes, para os famosos colóquios *Castelli de Roma*. Também não o incomodava o fato de que sua própria obra tivesse servido de ponto de apoio para a renovação de determinados aspectos do pensamento cristão; e, ao mesmo tempo, prestou a maior atenção para que a diferença e, concomitantemente, o judaísmo, não fossem, no sentido estrito, "assimilados".

Em relação ao fundo do pensamento levinasiano, que balanço se pode tirar dessa ambiguidade?

Em primeiro lugar, Lévinas não deixou de observar que o tema do amor por Outrem não apareceu com os Evangelhos, mas está bem presente na Torá, para desfazer, com toda a razão, uma forma incorreta de construir a oposição entre a "religião do amor" e a "religião da Lei", oposição caricatural desde que ela tenha tendência a apresentar a "religião do amor" como se superasse a "religião da Lei", que, por sua vez, era compreendida, de novo, como a religião da impossibilidade de amar, para não dizer, do ódio (tema, por exemplo, das análises de Hegel em seu livro, *L'esprit du christianisme et son destin*), ou, no mínimo, como religião sem espírito, mas da letra e da exterioridade morta. O cristianismo não possui o monopólio da exigência de amar. E, para Lévinas, tal evocação não equivale a confundir o judaísmo com o cristianismo, mas a esclarecer um aspecto do primeiro que, durante muito tempo, havia sido deixado na sombra.

Dito isto, o uso levinasiano do judaísmo desse ponto de vista não se reduz à correção de um preconceito. De maneira mais fundamental, existe efetivamente, na filosofia de Lévinas, uma torção que, legitimamente – pelo menos, em certo nível de descrição –, poderia ser qualificada como torção "cristã" do judaísmo. E tal aspecto refere-se precisamente ao tema do "rosto": até certo ponto, o rosto de Outrem parece deixar-se compreender como uma *encarnação* do Infinito. O mais importante distanciamento em relação ao "judaísmo normal" situar-se-ia nesse paralelismo com o tema da encarnação especificamente cristão, como se sabe.

Em suas obras filosóficas mais relevantes, Lévinas fala de "epifania" do Rosto ou, inclusive, evoca a *kenosis* – o que, de acordo com ele, chegou a provocar certa comoção entre alguns representantes do judaísmo. E efetivamente, neste aspecto, está em jogo, poderíamos afirmá-lo, o "tornar-presente" Deus. Que o rosto dê um aspecto carnal ao Infinito, que a relação paradoxal com Outrem se deixe adequadamente descrever como "amor", são outros tantos elementos que convergem para a leitura marioniana de Lévinas; aliás, qualificaríamos de bom grado tal leitura como "cristã" (o que não teria sido feito pelo próprio Marion), no mínimo, no sentido em que ela tende a acentuar esses dois elementos efetivamente presentes em Lévinas. De qualquer modo, o rosto, como já sublinhamos amplamente, é não tanto um fenômeno, mas um "contrafenômeno"; ele não é, de modo algum, *plena presença*, tampouco acontecimento da presença, mas *vestígio*, em um sentido *desde sempre passado*, dependente de um "passado que nunca foi presente", que se deu unicamente, de forma paradoxal, em sua não doação, em sua recusa de se oferecer plenamente e, por assim dizer, integralmente.

Esse "diferido originário", para empregar uma expressão diferente das palavras utilizadas por Lévinas, é a condição crucial do respeito pelo Infinito como *outramente que ser*. Ele é imperativamente requerido para que o outramente que ser não seja absorvido pelo ser. Convém lembrar, igualmente, o seguinte: se, em alguns de seus últimos textos, Lévinas reivindica o uso da palavra "amor" para qualificar a relação com Outrem, existem outros textos em que ele insiste sobre o sentido positivo dos mandamentos e rituais tão desenvolvidos na religião judaica, visando precisamente o que neles, em geral, é desabonado a partir de uma perspectiva cristã (ou hegeliana), ou seja, sua exterioridade e sua própria formalidade, consideradas como sinônimos de frieza mortal.

A verdadeira compreensão de tais aspectos implica em aceitar sua presença para nos livrar do enfeitiçamento da interioridade, da "vida interior".[21] Existe um modo adequado de ser fariseu em que, em vez de se reduzir à hipocrisia de observâncias puramente formais (subentendido, sem adesão autêntica e profunda), o fariseísmo evita a facilidade em acomodar-se a uma "vida interior", a uma interioridade de sentimento em que, justamente, fosse vivenciada, de uma forma autêntica, a presença diante de Deus. Se as noções de vida, sentimento e interioridade estão conotadas positivamente em determinado cristianismo é precisamente por exprimirem a ideia de uma imediatidade na relação com Deus, de uma presença plena e imediata diante de Deus ou em Deus.

Segundo Lévinas, essa fé ingênua, inclusive, essa ingenuidade da fé – a respeito da qual ele afirma, com discrição, ser característica, talvez, de determinado cristianismo – tende, exageradamente, a tornar Deus presente no âmago de minha vida como imediatidade a si, a esquivar a paciência necessária para suportar a *ausência* constitutiva do Infinito. Evocada incessantemente pelo Livro, pelos Mandamentos e pelo ritual, essa ausência lembra-nos

---

21. Para esta análise, cf. "Désacralisation et désensorcellement", in *Du sacré au saint*, op. cit., em particular p. 109 segs.

precisamente que Deus se dá apenas em sua não doação, em uma separação irredutível, para sempre não suturável, exatamente onde a encarnação do Cristo – *primeiro Vivente no qual eu vivo e que, em certo sentido, vive em mim*, no próprio amor – terá preenchido, desde sempre, essa separação.

Esta problemática poderia ser apresentada da seguinte maneira: em Lévinas, existe uma exigência fenomenológica mediante a qual a injunção de Outrem só pode emergir uma vez que ela está inscrita, em um sentido indiscernível de cada rosto em sua singularidade, no aparecer do "mundo da vida" – correndo o risco de desestabilizá-lo. Assim, Lévinas exprime-se em termos de "rosto de Outrem", até mesmo de "amor"; às vezes, embora raramente, em termos de "mandamento"; e nunca, segundo nos parece, em termos de uma "lei de Outrem" qualquer (ao refletir estritamente no interior do judaísmo, ele chega a retomar o termo "Lei"; entretanto, ao referir-se ao judaísmo na sua filosofia, ele mantém-se afastado da Lei e da formalidade – das quais é difícil separá-la – para orientá-lo em direção à concretude do rosto).

De qualquer modo, em Lévinas, o tema do rosto não significa, de modo algum, a ideia de uma encarnação como reconciliação entre a exterioridade e a interioridade, como redução total da separação em uma presença radical. Pelo contrário, o rosto faz aparecer, por assim dizer, a ausência, designa a ferida do ser para sempre não cicatrizável na presença plena, hemorragia do outramente que ser por onde toda a realidade significa. À semelhança do Livro, um rosto dá unicamente ao revelar, pelo mesmo impulso, a não doação na doação do sentido.

Para concluir nossa reflexão sobre este tema, e cedendo à tentação de citar um fragmento do debate que, por escolha, nos serviu de apoio, deixamos ressoar estas palavras de Lévinas:

Nunca pensei – talvez, encontra-se aí o judaísmo percebido por Lyotard na minha reflexão – que o encontro de
Deus, a partir da Escritura, fosse uma epifania incom-
pleta comparada à intuição; nunca pensei que o rosto do
outro homem, lugar em que se enuncia o apelo ao amor
ordenado pelo Amor, se reduzisse à presença e a uma
imagem plástica.[22]

O importante para Lévinas é que o *outramente que
ser* nunca seja capturado no ser, o ser que tende a equiva-
ler-se à presença plena. E, para ele, pelo menos, certo judaísmo está mais apto que o cristianismo a experimentar
essa ausência constitutiva; desde então, no interior mesmo
do judaísmo, o que mais conta é o "tema" da inspiração
e não tanto os aspectos da fé e da revelação. De fato,
somente a inspiração pode abrir radicalmente para um

---

22. Cf. *Autrement que savoir, Emmanuel Levinas*, Paris, Osiris, 1988, Débat
Général, p. 94.
Para esboçar em nota de rodapé, de uma forma simplesmente sugestiva
e com a pretensão de ser ponderada, um debate que excede de longe o
exercício de introdução a Lévinas — como é nosso intuito, aqui —, poderemos observar que determinadas filosofias, tais como as de M. Henry
e de J.-L. Marion, focalizadas na figura do Cristo — para a primeira,
na imediatidade da Vida; e, para a segunda, sobre a Presença de um "fenômeno saturado" (exemplarmente, o Cristo) —, parecem inscrever-se,
de maneira consequente, na configuração do pensamento que tentamos
apresentar, neste livro, para esclarecer o de Lévinas.
Se acompanharmos as hesitações levinasianas relativamente à fé (enquanto
ela seria *ainda*, segundo Lévinas, um modo do saber) e à presença (ambas
situam-se no mesmo plano já que o saber é, integralmente, um "manter a
presença"), então, insistindo na presença, as vias henryana e marioniana careceriam do *outramente que ser*; e insistindo na fé (esse é claramente o caso
nas obras mais recentes de M. Henry, mas o diagnóstico é menos evidente
em J.-L. Marion), elas careceriam de filosofia, não tanto relativamente à
tematização, mas à desilusão no tocante à imediatidade da fé.
É verdade que, do ponto de vista henryano e marioniano, a crítica seria
infundada e injusta já que, por um lado, a presença evocada por eles é
considerada como além do ser (à semelhança do Infinito levinasiano);
e, por outro, a fé (o sentimento e a Vida como autorrevelação em M.
Henry) como um além de todos os saberes, como tais, teóricos.

outramente que saber (por sua vez, a fé tende incessantemente a constituir um saber diferente do saber racional,
e não um *outramente que saber*).

Paradoxalmente, a inspiração pelo *outramente que ser*
em um *outramente que saber* requer a mais rigorosa filosofia.[23] Por uma dupla razão: como terreno em que fará a
prova do que a excede e como questionamento radical, ou
seja, obra de "peixe torpedo" a tal ponto que, se ela deve
ser, também e sobretudo, desiludida de sua própria vigilân-
cia pela inspiração, nem por isso deixa de operar, simultaneamente, para que a inspiração pelo "Santo" não degenere
em crença – como saber – no sagrado. Daí, esse entrelaçamento teratológico entre o grego e o judeu, de modo que
um seja incapaz de avançar sem o outro na própria exigência de evitarem confundir-se.

---

23. Neste caso, teríamos tendência a reconhecer a pertinência da formulação de Lyotard segundo a qual Lévinas mostra-nos que nem todo o
pensamento é saber, mas não por dar a impressão de sugerir que seria
possível autonomizar o pensamento do saber. Pelo contrário, diríamos
que a inspiração pelo *outramente que ser* experimenta-se na privação,
como a própria privação do saber que já não é capaz de se constituir.
Neste aspecto, ela supõe ainda, e mais que nunca, a exigência do saber
como exigência de descrição rigorosa, de análise e/ou de argumentação:
neste sentido, a filosofia.

5

História, política e justiça, segundo Lévinas

A noção de ambiguidade impõe-se, uma vez mais, ao evocarmos o estatuto da Justiça, do Político e da História, no pensamento de Emmanuel Lévinas.

Ambiguidade que pode ser percebida já na postura biográfica de Lévinas. Às vezes, este chegou a ser chamado de "anti-Sartre"; e é verdade que nosso filósofo manteve a mais extrema discrição em relação ao compromisso nos debates públicos e, ainda mais, no combate político. Apoiar *La Cause du Peuple*[1], intervir junto às instâncias políticas, oferecer seu nome para acobertar "perigosos ativistas" à margem da lei civil, eis o que não correspondia a seu "feitio". Aliás, ele manifestou certa reserva em relação aos acontecimentos de "Maio de 68", em geral. Sem dúvida, em sua maneira de viver existia "algo" que, na época, poderia ser qualificado

---

1. *A Causa do Povo* foi o jornal do pequeno grupo de militantes, formado em outubro de 1968, sob a denominação de Gauche Prolétarienne [Esquerda Proletária]. Em seus artigos, sobressai, de maneira recorrente, uma obsessão diretamente inspirada na "revolução cultural" chinesa: é preciso lutar contra a divisão entre trabalho manual e trabalho intelectual, superar as diferenças entre "os que trabalham e aqueles que pensam". [N. T.]

como "burguês", em particular um profundo respeito pelas "instituições". Essa reserva, porém, não deixava de reconhecer que o marxismo era absolutamente respeitável, enquanto apelo à libertação de qualquer tipo de alienação – encarnação legítima de uma exigência incessantemente reiterável.[2] Deixemos de lado essa possível "dissimulação de classe".

De forma mais fundamental, essa dissimulação adquire seu sentido mais profundo, talvez, a partir da maneira como Lévinas compreendia seu próprio itinerário biográfico. Ele manifestava o mais absoluto respeito pelo Estado Francês, tal como o concebia: portador da exigência não só da igualdade e da fraternidade, mas também de uma laicidade possível ao rejeitar os retraimentos comunitaristas que resistiam à assimilação; e também guardião dos "direitos humanos", ou seja, para ele, dos direitos de Outrem. Em suma, o Estado Francês como encarnação dos ideais das *Luzes*. Ele era demasiado sensível a esse aspecto, enquanto francês judeu de origem lituana que havia atravessado o eclipse de sentido com o nazismo, para não considerar os acontecimentos de "Maio de 68" como infantilidades irritantes. A avaliação dessa época por Lévinas não deixa de ser coerente, sem estar isenta de complexidade. Na "intermitência" de um instante, "Maio de 68" teria significado a ruptura da façanha opressora do ser em que o homem

---

2. Pode-se observar, sem dúvida, a consonância de Lévinas com uma compreensão, totalmente específica, do marxismo; no entanto, esse encontro merece ser sublinhado. Assim, por exemplo, ele escreve: "Nosso velho texto afirma os direitos da pessoa, à semelhança do que declara atualmente o marxismo, o marxismo humanista (...) que formula a questão — 'como o homem, amigo do homem, acabou tornando-se, em determinadas condições, inimigo do homem?' — e para quem essa anomalia que se chama alienação se explica pela estrutura da economia, deixada a seu próprio determinismo. Nossa Mixná entende, também, impor um limite à arbitrariedade da economia e a essa alienação." Cf. "Judaïsme et révolution", in *Du sacré au saint: cinq nouvelles lectures talmudiques*, op. cit., p. 17.

se torna o inimigo do homem. A "juventude" como tal aparece, então, nos escritos de Lévinas, como portadora de um precioso poder de contestação e ruptura relativamente a um mundo petrificado e sedimentado – contestação que não é violência, mas exposição a outrem, capacidade para ser afetado, emocionado pela vulnerabilidade de outrem. Deste ponto de vista, "Maio de 68" significa o melhor aspecto da utopia; além disso, a juventude já não é, para Lévinas, a idade de passagem ou de transição, mas manifestação da humanidade do homem.[3] E nosso filósofo chegou a dizer, em uma entrevista, que ele tinha a impressão de que, em 1968, todos os valores haviam sido contestados como burgueses – exceto um: o Outro.

No entanto, desde que essa rachadura da história se deixa ludibriar, logo, pelo ser, ela soçobra no irrisório e na caricatura. "Maio de 68" petrifica-se então em uma imagem: o filósofo Paul Ricœur, amigo de Lévinas – homem esclarecido, de boa vontade e diálogo, moderado, decano interinamente da Universidade de Nanterre –, assediado pelos estudantes que enfiam uma lixeira em sua cabeça; irritação diante da subversão dos colegiais, inquietação diante de uma deriva possível do movimento com o risco de degenerar e redundar na mais cega violência; uma violência que começa por responsabilizar os símbolos desse Estado que, em seu entender, era a garantia da moderação entre os homens e não a alienação dos proletários (arriscamos a propor a expressão "o Outro

---

3. Cf. o capítulo V de "Sans identité", cujo título é *a juventude*, in E. Lévinas, *Humanisme de l'autre homme*, Paris, Le Livre de Poche, 1987, p. 112-13. Seria possível encontrar outros textos de Lévinas para exprimir, ao contrário, sua desconfiança diante da impaciência da juventude; ou, então, para lembrar que, diferentemente de Derrida, ele julga que o estudo da filosofia, à semelhança da prática do Talmude, supõe a paciência: não se dá carne aos recém-nascidos.

em sua nudez" para traduzir, em linguagem levinasiana, a noção de "proletário", aliás, uma tradução legítima, inclusive do ponto de vista de Lévinas).[4]

A *história, o acontecimento: messianismo e utopia*

Essa discrição relativamente a "Maio de 68" exprime, de fato, uma reserva diante da história e da política, como tais, compreendidas como violência e paixão decorrentes do engajamento, como *lugares* sempre possíveis para uma exaltação mística. Já tivemos a oportunidade de sublinhar a desconfiança de Lévinas no que diz respeito à exaltação do sentimento que marca sua relação com o hassidismo, assim como, por via de consequência, com certa compreensão do messianismo.

No entanto, ao evitar comprometer-se no sentido do engajamento político e/ou público, Lévinas não deixou de preocupar-se com a atualidade, com o que acontece. Além disso, nunca se insistirá demais no fato de que, *também*, ele é o autor de numerosos textos curtos de circunstância (a propósito da criação do Estado de Israel, assim como das tensões Leste/Oeste ou Norte/Sul ocorridas no período posterior à guerra ou, ainda, a propósito da era contemporânea sob o império da tecnologia...) que testemunham – o que é significativo – uma preocupação não tanto de compromisso ou de incentivo para agir do ponto de vista social e político, mas de esclarecer de maneira diferente, ou seja, fazer significar o que acontece. De fato, é efetivamente Lévinas que – por exemplo, em relação a Maimônides – afirmou como a grandeza de um pensamento situa-se na sua aptidão para elucidar a vida daquele que o lê, aqui e agora,

---

4.   Cf. "Judaïsme et révolution", in *Du sacré au saint,* op. cit., p. 11-53.

assim como para ajudar a nos orientar no mundo em que vivemos. E foi precisamente Lévinas quem, ao indicar com precisão as intenções de suas "leituras talmúdicas", atribui uma posição de destaque à exigência de mostrar como essa "antiga tradição" pode esclarecer nossa vida moderna.

Tal é a postura de Lévinas, enquanto filósofo, em relação ao acontecimento: de modo algum, a indiferença de um filósofo refugiado em um acervo de ideias atemporal ou, então, em um problema técnico estritamente interno a uma região do saber positivo. E, entretanto, não se trata de um apelo à luta política: é necessário fazer significar o acontecimento. Com efeito, para Lévinas, a participação no acontecimento, necessariamente apaixonada, é um modo de ser julgado pela história. Ora, o importante, o absolutamente necessário, consiste em colocar-se em posição de poder, incessantemente, julgar a história. E tal julgamento, segundo Lévinas, não é pretender, a partir de uma posição proeminente, apresentar-se como um tribunal moralizante que escape às violências e às paixões da história, mas, do próprio âmago da história, sem fugir de modo algum à urgência do aqui e agora, nem expor-se absolutamente a ela, ter a *paciência*, a perseverança da responsabilidade Infinita por Outrem – o que, sem dúvida, implica certa capacidade de resistência ao ar – ou à impetuosidade – do tempo. "Os grandes momentos da história não fornecem qualquer critério de julgamento. Eles são julgados" (DL, 317), escreve Lévinas. Desde então, importa "não submeter a Lei da justiça ao curso implacável dos acontecimentos, denunciando-os, se necessário, como contrassenso ou loucura (...)" (DL, 317).

Qualquer ambiguidade da posição levinasiana em relação à história concentra-se na ambiguidade de sua posição relativamente às questões conexas do messianismo e da utopia; por exemplo, de forma totalmente legítima do ponto de vista do pensamento levinasiano, Catherine Chalier atribuiu o título *Lévinas, l'utopie de l'humain*[5] a uma de suas obras. De fato, Lévinas reivindica a utopia sobretudo quando a ética do para-outrem – pejorativamente qualificada como "utópica" no sentido mais trivial do termo – é confrontada aos fatos e às estatísticas, ao horror das grandes guerras e dos totalitarismos do século XX. A utopia significará, então, a ruptura do que é, o despertar e a inquietação. Trata-se precisamente de entender a utopia como questionamento de minha posição, de meu lugar. E, todavia, nos escritos de Lévinas, é possível ler também um enunciado como este:

> Parece-nos que a utopia não é simplesmente fútil por si mesma, perigosa por suas consequências. O desejo manifestado pelo homem da utopia é injusto: ele prefere – à tarefa difícil de chegar a uma vida equitativa – o grande contentamento da salvação solitária. (DL, 146)

É evidente, Lévinas "desconfia" da história concebida do ponto de vista hegeliano: que o fluxo cego, violento, contingente e absurdo dos acontecimentos seja decifrado como se fosse, ao mesmo tempo, a mola motriz e o terreno do desenvolvimento do racional, ou como se fosse, afinal de contas, o próprio significativo[6] que reforça sua confiança e se confina em sua totalidade, eis o que constitui o

---

5. C. Chalier, *Lévinas – a utopia do humano*, Lisboa, Institut Piaget, 1996.

6. No original, *sensé*; tradução proposta por Ricardo Timm de Souza, in *Sujeito, ética e história,* op. cit., p. 50 e 59. (N. T.)

alvo da denúncia pertinaz de Lévinas. Por outras palavras, o triunfo do Mesmo como Totalidade, em que a alteridade, como dilaceramento, nunca deixa de ser o serviçal dócil de seu contraditório. Dito isto, Lévinas estaria de acordo, sem dúvida, com a crítica propriamente "desconcertante" dirigida por Merleau-Ponty contra Hegel,[7] ao escrever que "a história nunca se retrata" ou, ainda, que ela é escrita pelos vencedores, significando assim o seguinte: o que, após o termo da ação, se dá como racional, ou melhor, como o significativo e a própria legitimidade, adquire tal aparência unicamente no e por seu contrário, na e pela arbitrariedade da violência bem-sucedida.

Mas que a história seja percebida como o triunfo da totalidade racional ou, inversamente, como o triunfo da arbitrariedade da força, a validade da contestação levinasiana, sua injunção de oferecer resistência ao fluxo dos acontecimentos, tem o mesmo vigor: com efeito, de uma ou de outra maneira, sob as aparências da pura racionalidade ou, pelo contrário, como a irracionalidade do fato bruto, produz-se a mesma tirania do Mesmo, o mesmo aniquilamento do rosto de Outrem.

Nesses dois casos, a exigência consistirá em abrir a história, impedindo que ela venha a fechar-se e a triturar a alteridade de Outrem. Desde então, por que motivo essa exigência se dá como apelo a resistir à história e a julgá-la, de preferência a participar dela, exemplarmente, através da luta? É porque, do ponto de vista levinasiano, qualquer participação na história corre o risco, logo, de ser iludida pelas astúcias da história e, em vez de oferecer-lhe resistência, colocar-se a seu serviço.

---

7. Cf. Maurice Merleau-Ponty, *Signes*, Paris, Gallimard, 1960, preâmbulo.

Daí, a ambivalência fundamental de qualquer utopia: enquanto ela projeta um futuro e marca a exigência de um dever-ser (que, por definição, não se encarnou efetivamente, aqui e agora), ela é a própria abertura da história, evitando que esta venha a terminar-se, a fechar-se e a totalizar-se. Os "fins da história", segundo o modelo hegeliano do fim da história, as tentativas de reconhecer sua concretização no "socialismo real" ou no liberalismo de nossos dias, deverão ser confrontados, incessantemente, à exigência de voltar a abrir a história na exposição, incessantemente reiterada, a Outrem, e na responsabilidade Infinita – igualmente, no sentido de "sem fim" – por Outrem.

Sem dúvida, de fato, o século XX mostrou que os "fins" da história são becos sem saída absurdos, em vez de desfechos bem-sucedidos; o absurdo terrificante dos campos de extermínio nazistas ou do *gulag*[8], em vez da realização de um sentido que acaba por se totalizar em si mesmo. De qualquer modo, mesmo que alguém pretenda nos convencer de que o fim pode ser radioso, que o termo foi atingido, Lévinas fará prevalecer sempre

---

8. De forma fortuita, observemos que Lévinas — ao referir-se ao Holocausto e ao totalitarismo stalinista, sem proceder à qualquer equiparação — reconhece este ponto comum: o dar-se como a própria negação do rosto. Tal aspecto está em consonância com a observação formulada por Primo Levi em seu livro *É isto um homem?*: os carrascos nazistas, em sua conduta cotidiana, exprimiam implicitamente que os detentos "não tinham rosto" [*sans visage*], propriamente falando "não eram susceptíveis de serem levados em consideração" [*inenvisageables*]. Eis por que — evocando, desta vez, as filas de espera formadas pelas famílias dos prisioneiros políticos diante da sede do KGB, na praça Loubianka, em Moscou (descritas por Vassili Grossman) — Lévinas lembra que, em certo sentido, uma nuca é um rosto. Essas análises levinasianas têm a ver, certamente, com o que H. Arendt chama a "desolação" produzida pelo totalitarismo como perda de ipseidade, perda de "si mesmo" *na* perda de qualquer relação autêntica com Outrem: em termos levinasianos, poderíamos falar de ameaça de um *há* sem rosto. Cf. H. Arendt, *Le système totalitaire* (trad. francesa), Paris, Le Seuil, 1972.

a ideia de que a responsabilidade por Outrem e a paciência exigida para perseverar na exposição a Outrem, são, por definição infinitas: elas nunca vão acabar e se, pelo contrário, imaginamos a possibilidade desse fim, é porque as atraiçoamos. Na vida, não há "domingos" em que seria possível descarregar o peso incomensurável e, em um sentido, inassumível, do rosto de Outrem, a pretexto de que o termo "teria sido atingido".

Assim, o tema da utopia corre o risco, logo, de se voltar contra a exigência, que, no entanto, ele encarna em parte e como que em um primeiro momento. De fato, a utopia só abre a história para prometer, segundo parece, seu encerramento radical e definitivo, sua anulação precisamente em um sétimo dia, em um "reino de Deus na Terra": como protesto em nome de um futuro, a utopia é absolutamente necessária, mas como vontade de encarnar efetivamente o que, por enquanto, não depende de "lugar algum" e, desde então, de interromper "os imprevistos da história"[9], ela pode significar o clímax do império do Mesmo. E o homem da utopia será o homem da violência: na impaciência de concretizar o Reino de Deus agora, ele dilacera qualquer alteridade e esforça-se em fechar as possibilidades da história, as expressões da alteridade, sempre em nome do que ele acredita saber. O problema fundamental será exatamente o seguinte: como adotar a injunção de abertura da história pela utopia, enquanto ela exprime a abertura do Mesmo pelo Outro, desconectando-a da vontade do encerramento integral do Mesmo que a utopia significa também?

---

9. Expressão escolhida por Lévinas como título para uma de suas últimas coletâneas de textos: cf. *Les imprévus de l'histoire*, Montpellier, Fata Morgana, 1994.

Parece difícil que uma utopia programe seu próprio fracasso como inevitável, salvo correndo o risco de se destruir a si mesma, sendo portadora do desespero, em vez da esperança. E, no entanto, essa é, em certo sentido, a exigência de Lévinas. Para ele, o que há de pior é a impaciência: a história feita pelos impacientes, pelos exaltados que, ao exigirem a plenitude do sentido imediatamente, rechaçam assim qualquer sentido pela violência de seus atos arrebatados.

Ao ler Lévinas, seria possível avançar até compreender que, no judaísmo, a demora do messias é consubstancial à sua própria figura: um bom messias deixa de vir, decepciona desde sempre nossa expectativa. Mas, será ainda messias aquele que, de acordo com o que se sabe desde sempre, nunca há de vir? Qual seria o sentido de *esperar* por sua vinda? Eis uma questão pertinente e essa é, sem dúvida, a razão pela qual a figura do profeta – de quem abre a história para um futuro, que reveza a palavra-outra entre os homens – nos parece ser privilegiada por Lévinas.

Entretanto, convém evitar qualquer equívoco em relação aos termos do problema: *para* abrir a história, a alteridade carregada pela palavra profética deve comprometer-se com ela, inscrever-se nela, nem que seja provisoriamente. Sem que isso seja explícito, parece-nos que, uma vez mais, a descrição da temporalidade como diacronia é que permite apresentar essa dupla-exigência contraditória que acabamos de evocar, aliás, evidenciada, negativa e indiretamente, na ambivalência da utopia.

Como o Dizer profético vem desestabilizar o Dito filosófico e como o Infinito vem desestabilizar a imanência do ser, o profeta, por sua vez, vem perfurar a história pelo inaudito de sua promessa: assim, ele faz com que a história seja verdadeiramente a história, um

História, política e justiça, segundo Lévinas   197

fluxo incessantemente acionado por estar perfurado, traumatizado. Por isso, é necessário que o profeta seja o que ele é, no mínino, em parte: um homem entre os homens. É necessário que o Infinito deixe seu vestígio na imanência do ser, consinta, portanto, em ter atrito com ele. Mas, nunca deverá petrificar-se, nem enraizar-se nele, a menos que se atraiçoe radicalmente[10], o que significa o seguinte: a menos que atraiçoe a história como tal, ao pretender interrompê-la em um tempo e em um lugar "determinados" (mesmo que se trate da determinação paradoxal do "Reino de Deus").

Eis por que, ousaríamos quase dizer (excedendo o próprio Lévinas, mas com a expectativa de sermos fiéis a algo de seu pensamento) que, para ser verdadeiro, o messias decepciona, afinal de contas, a expectativa que ele suscita – de fato, esse é o único modo de não atraiçoar o que anuncia (precisamente, recusando-se a doá-lo plenamente).

---

10. Parece-nos que seria possível mostrar que, de maneira geral, o discurso de Lévinas a respeito do Estado de Israel é orientado pela ambiguidade rigorosa que, neste livro, temos tentado elucidar. Se o povo judeu significa a fulgurância do Infinito, do *outramente que ser*, entre os homens, então, Lévinas não se sente longe de uma forma de pensar que consistiria, praticamente, em dizer que a destruição do templo e a diáspora são consubstanciais ao próprio sentido do judaísmo. De fato, pode-se interpretar esses acontecimentos como a marca de que o Infinito só é o que é por ter deixado de se encarnar e de se determinar de um ponto de vista espaço-temporal, evitando confinar-se no Mundo.

Entretanto, é necessário que o Infinito se anuncie no mundo, habitando-o e deixando nele seu vestígio: eis por que a existência histórica (esse ponto de vista, pelo menos — e para Lévinas —, é o mais importante de todos) do Estado de Israel é absolutamente legítima e, até mesmo, em certo sentido, necessária. E ainda outro aspecto: essa existência só deve e só pode ser uma existência inquieta que desfaz incessantemente, pelo mesmo impulso, o que ela faz, evitando que a fulgurância do Infinito, essa inspiração, seja petrificada e atraiçoada em certezas e instituições definitivas. Eis por que Lévinas se opõe, incessantemente, ao contrassenso que transformasse a eleição por Deus no privilégio de quem estaria investido de uma verdade definitiva.

Para Lévinas, a história é, portanto, fundamental se ela significa a própria desestabilização do ser, a própria desestabilização da totalidade ordenada do Cosmos, do Mundo, pelo rosto humano. Além disso, *por definição*, a história, a menos que atraiçoe assim – mesmo que seja paradoxalmente – o profetismo que a inspira, não conseguiria tolerar o definitivo. A modalidade afetiva da história deve ser a *paciência*[11]: a paciência de quem sabe que isso não aconteceu; a paciência que não será expectativa que isso aconteça definitivamente; a paciência que, entretanto, não será o traje da resignação e do desespero pelo fato de que isso nunca aconteça; a paciência de quem sabe que isso acontece apenas como desestabilização, como o que já oferece resistência à sua determinação e à sua estabilização no ser, para renascer de outro modo. Em poucas palavras, a paciência que suporta o não definitivo: eis como se deve viver a história.

O *mal elemental*

A maneira como a filosofia levinasiana se refere aos acontecimentos relacionados com a barbárie nazista é, perfeitamente, exemplar do que temos tentado demonstrar.

Em 1934, na revista *Esprit*, Lévinas havia publicado um texto sucinto sob o título de "A filosofia do hitlerismo", escrito "no calor do momento" com o pressentimento de que o pior ainda estava por vir. Entretanto, ele evita qualquer elucidação conjectural e, inclusive, qualquer elucidação de natureza social e histórica, para propor

---

11. Cf. as últimas frases de "Le sens de l'histoire" (in *Difficile liberté*, op.cit., p. 318): "Em nossos compromissos indispensáveis, saibamos conservar a distância em face do que se apresenta, se impõe e nos importuna como um glorioso desfecho. Isso não 'aconteceu'! Paciência!".

uma interpretação ontológica do nazismo que, implícita ou explicitamente, utiliza as mais fundamentais categorias do pensamento levinasiano que dava os primeiros passos. Assim, se não é determinado pelo surgimento do nazismo – mesmo que, por sua monstruosidade, esse fato teria dilacerado qualquer história empírica –, o pensamento levinasiano enfrenta o acontecimento histórico, avalia sua legitimidade e, em certo sentido, sua necessidade pela bitola de sua capacidade para "julgar" a respeito do que acontece – para não dizer, o que acontece.

E, para resumir rapidamente a sutil descrição levinasiana, a característica do nazismo consiste em uma forma de alienação total, um "acorrentamento" inaudito que atingiu tal nível de radicalidade que, segundo Lévinas, acabou derrubando e invertendo, por assim dizer, o gesto fundador do Ocidente, a saber: o gesto de liberação que constituiria a raiz comum do judaísmo e do cristianismo, assim como do racionalismo liberal das "Luzes" e, até mesmo, do marxismo. Aliás, as divergências e os conflitos entre essas diferentes "concepções do mundo" adquirem sentido somente a partir da base em que se apoia esse horizonte de inspiração comum que seria negada completamente pelo nazismo.

Se "espiritualidade" pode ser o termo apropriado para a exigência e para o movimento de se liberar da imediatidade do biológico, do sangue e do torrão natal, então, o nazismo aparece, aqui, como a própria negação do espiritual no sentido de Lévinas. Em sua valorização indiscriminada do corpo[12] no sentido em que ele nos vincula, nos "arrebita" a nós mesmos e à terra em que se desenvolve a necessidade vital, o nazismo constitui a negação do humano

---

12. Se, para Lévinas, o corpo continua sendo uma possível maneira de ser arrebitado a si e ao ser, em sua ambiguidade, a riqueza de suas significações supera, é claro, esta caracterização negativa.

enquanto este é precisamente exigência de evasão a partir da imediatidade das coisas – "intencionalidade" ou "transcendência", de acordo com os termos utilizados, às vezes, pelos fenomenólogos.

No entender de Lévinas, o nazismo é uma figura radical do paganismo, como recusa da abertura, da transcendência, como fechamento limitado ao Mundo, incapacidade para vislumbrar que o mundo seja aberto pelo Infinito. O paganismo dos "povos florestas"[13], para retomar a expressão levinasiana, enraíza-se no ser, na terra ou no mundo (essas três noções coincidem, aqui, na figura do fechamento de uma imanência incapaz de conceber e experimentar a transcendência).

Além de negar a transcendência do Infinito em relação à imanência do ser e ao horizonte do mundo – a qual era perceptível através das tentativas feitas, à maneira peculiar de cada um, pelo judaísmo e pelo cristianismo –, o nazismo nega, pelo mesmo movimento, a disposição fundamental de cada si mesmo humano a evadir-se dele mesmo, assim como do mundo. E é assim, nesta negação simultânea das transcendências do Infinito e do si, que ele produz o anonimato sem rosto de uma (in)humanidade de massa. O nazismo mantém fechado o acesso a qualquer evasão

---

13. Em Lévinas, existe uma grande desconfiança em relação à Natureza: de fato, ela é suscetível de ser investida de poderes misteriosos e, neste caso, de ocultar a relação com a Transcendência. O paganismo é essencialmente sacralização da Natureza (cf. o terceiro capítulo deste livro a respeito das relações entre o Sagrado e o Santo, em Lévinas). Eis por que os trechos em que nosso autor faz a apologia da técnica, da tecnologia moderna, são bastante numerosos. Enquanto ela "desencanta" o mundo, levando-o a perder a opacidade de sua significação sagrada, a tecnologia moderna favorece a erradicação do paganismo: aliança surpreendente, embora coerente, estabelecida por Lévinas entre o ideal das Luzes — no que diz respeito à emancipação do homem, graças à ciência e à tecnologia — e a abertura ao Infinito significada, pela primeira vez, pelo judaísmo. A tecnologia moderna prepara o terreno, por assim dizer, para a prova da transcendência.

fora do anonimato do *há*, de um existir bruto, certamente pior que a morte: ao impedir que cada si seja um si mesmo, ele o retém entre o ser e o não ser, na agonia dos mortos vivos incapazes de chegar à ipseidade.

Estranho pressentimento tanto do fenômeno de massificação totalitária, quanto da desolação concentracionária, para o qual a figura ontológica do *há*,[14] e somente neste sentido – tal como ela é utilizada, pelo menos, nas primeiras obras de Lévinas – fornece um equivalente e, sobretudo, um "interpretans" ontológico. O nazismo é a negação do humano, de uma história propriamente humana, isto é, inspirada, ao considerá-lo no anonimato indeterminado e monótono do ser em seu estado bruto como agonia: de acordo com a expressão forjada por nosso filósofo, ele é "o mal elemental".

Sem evocar explicitamente Heidegger, esse breve texto levinasiano de 1934 pode ser lido como uma reação ao *Discurso do Reitorado* pelo qual o filósofo alemão manifestou publicamente sua adesão ao nazismo (1933).[15] Seria impossível aprofundar, aqui, com a minúcia exigida, o delicado dossiê das relações entre Lévinas e Heidegger, tanto mais que seu alcance filosófico não poderia reduzir-se à consideração do nazismo de Heidegger; inversamente, tal relacionamento não poderia ser, de modo algum, deixado de lado neste livro. Portanto, uma ou duas observações a propósito desse problema.

---

14. Ela não aparece explicitamente nesse texto de 1934, mas se impõe, por assim dizer, ao espírito do leitor da obra levinasiana.

15. Heidegger é, aliás, explicitamente evocado na nota que, para situar o texto, Lévinas acrescenta à tradução norte-americana, e que figura como *Post-scriptum* nas edições recentes do texto. Cf., em particular, *Quelques réflexions sur l'hitlérisme*, Paris, Rivage Poche, Petite Bibliothèque, 1997; esta edição inclui um excelente comentário de M. Abensour.

Ao lermos as frequentes entrevistas concedidas por Lévinas, deduzimos em substância que Heidegger permanecerá para ele, até o fim, "o maior filósofo do século", *mas* não poderá perdoar-lhe sua adesão ao nazismo e, em seguida, seu silêncio sobre essa tomada de posição. No fundo, o filósofo alemão levou nosso autor a confrontar-se à perspectiva absolutamente dolorosa de que um dos maiores intelectuais no exercício do pensamento filosófico possa *também* aderir ao nazismo. Essas duas características não deveriam ser excludentes, por assim dizer, naturalmente? Lévinas nunca fez parte do número daqueles – tão numerosos – que ocultaram o nazismo "conjectural e inessencial" de Heidegger por trás da grandeza "atemporal" de seu pensamento, nem daqueles – igualmente, numerosos – que, inversamente, acomodaram-se à facilidade de deixar de ler Heidegger, invalidando a extrema importância de seu pensamento em virtude de seu compromisso.

A tarefa difícil – no sentido de dolorosa e exigente – consiste, de preferência, em compreender como essas duas características podem articular-se e, desde então, em tentar impedir que venha a ocorrer, de novo, tal articulação. Lévinas não afirma, de modo algum, que o nazismo do homem Heidegger é determinado por aquilo que seria o "nazismo em potência" do pensamento heideggeriano, que o primeiro resulta do segundo. Ele não afirma, de modo algum, que o pensamento heideggeriano conduz, em certo sentido, necessariamente ao nazismo – como é que, aliás, poderia afirmá-lo se ele tem uma tão grande dívida para com Heidegger em seu despontar para a reflexão filosófica? Ele procura, de preferência, compreender o que teria tornado possível essa articulação monstruosa entre um grande pensador e uma das ocorrências do Mal na história; e, mais precisamente, ele procura compreender a razão pela qual esse grande pensamento não impediu, tornando impossível, essa articulação com o Mal.

Abordemos essa problemática, aqui, da maneira mais sucinta possível: torna-se evidente que Heidegger não teria conseguido abrir, verdadeira e radicalmente, o horizonte do ser para a alteridade, no pressuposto de que a diferença ontológica heideggeriana permanece ainda, em certo sentido, interna ao ser, e de que o nada heideggeriano é apenas a contrapartida do ser; pelo mesmo impulso, a transcendência radical do *Dasein* heideggeriano, longe de expô-lo à prova do Outro, integra-o radicalmente no circuito do ser em que ele encontra sua verdade ao desaparecer praticamente no anonimato impessoal do existir.

Assim, o pensamento heideggeriano não teria sido suficientemente radical no movimento de abertura do ser, que, no entanto, ele havia anunciado de uma forma não superada por qualquer outra reflexão filosófica; e, se esse pensamento não produz, de modo algum, o nazismo, ele não teria conseguido, por essa razão, *defender-se de sua possibilidade.*[16] Não há necessidade de sublinhar que, neste caso, a reflexão levinasiana pode ser lida nos vazios e nas carências, nos aspectos mais frágeis do pensamento heideggeriano; assim, ela pode ser compreendida como uma tentativa para atenuar a vulnerabilidade fundamental deste último. Em Lévinas, o pensamento abre o ser e o Mundo para uma transcendência verdadeiramente radical, uma transcendência que seja uma exterioridade e não

---

16. "Neste artigo, existe a convicção de que essa fonte tem a ver com a possibilidade essencial do *Mal elemental* a que se pode ter acesso pela boa lógica e contra a qual a filosofia ocidental não estava suficientemente precavida. Possibilidade que se inscreve na ontologia do Ser, preocupado com o ser — do Ser 'dem es in seinem Sein um dieses Sein selbst geht' [para o qual, no seu ser, está em jogo esse mesmo ser], segundo a expressão heideggeriana", escreve Lévinas no "Post-scriptum", in *Quelques réflexions sur l'hitlérisme*, op. cit., p. 25.

esteja a serviço do ser; um pensamento que, pelo mesmo movimento, indica uma subjetividade radical como prova da abertura ao Outro, como responsabilidade e, até mesmo, amor sem limites.

Em suma, era necessário produzir um pensamento que se tornasse *incompatível* com o Mal elemental, fornecendo os meios de distingui-lo no turbilhão da história, de "julgar" a história. Um pensamento que, por outro lado, fosse integralmente injunção para opor-se ao Mal – tendo identificado o que ele era verdadeiramente e, por conseguinte, a razão pela qual ele podia também renascer incessantemente, a razão pela qual nossa luta contra ele nunca terá fim. O Mal elemental não é uma extravagância da história, contingente e acidental, mas constitui uma *possibilidade* fundamental do Ser,[17] uma vez que este é, por assim dizer, deixado a si mesmo, está confinado nele próprio: libertá-lo de si mesmo, designar o humano como lugar do sentido e promover a subjetividade em sua responsabilidade, eis os diferentes aspectos de uma tarefa infinita.

A *justiça* entre *a responsabilidade ética e o político*

Se as relações mantidas pelo pensamento levinasiano com *a* política e a história permaneceram ambíguas – aliás, uma ambiguidade rigorosa como tentamos demonstrar –, a relação com o político, entendido como o convívio de um grupo humano, tal como esse convívio tem a ver, no mínimo, com a distribuição do poder, o problema da autoridade política e a questão do Direito, ou seja, da justiça em sua relação com o fato da violência, é também ambígua, mas, talvez, de outro gênero de ambiguidade.

---

17. E, desta vez, do discurso de seus porta-vozes.

Ao abordar a questão do político na obra levinasiana, vamos considerar, em primeiro lugar, os comentários que lhe foram dedicados: via de acesso bastante indireta, aparentemente, mas a configuração desses textos parece ser significativa e reveladora.

Existem comentaristas para designar uma elipse do político em Lévinas, uma incapacidade estrutural desse pensamento para analisar o político nos moldes que lhe são próprios a não ser após o termo dos acontecimentos, a não ser atribuindo-lhe um estatuto de segundo plano e, ainda pior, por assim dizer, "improvisado", acrescentado do exterior a seu âmago teoricamente consistente. A reflexão baseada no "tudo-é-ética" limitar-se-ia precisamente à própria ética e seria incapaz de lidar com o político. Ao lado dos que deploram ou, no mínimo, questionam essa elipse do político, existem outros comentaristas que se regozijam por essa postura, no pressuposto de que, ao abordá-lo, o pensamento levinasiano correria um risco de comprometimento com aquilo em relação ao qual ele deveria tomar posição, ou seja, o pensamento grego, enquanto este é por excelência uma reflexão sobre a *polis*, sobre o político – e que, por essa mesma razão, teria ignorado o tema "ética" no sentido de Lévinas.

No entanto, ao lado desse primeiro grupo – que seria composto por todos os comentaristas que diagnosticam uma elipse do político, correndo o risco de manifestarem sua oposição, em seguida, a respeito do sentido e das consequências de tal elipse – existe um outro que, pelo contrário, insiste sobre o estatuto central ou, mais exatamente, arquitetônico, da justiça – e, portanto, do Político como encarnação (problemática), na organização das sociedades humanas, da exigência de justiça –, considerada, assim, como a pedra angular da filosofia levinasiana.

O problema cristaliza-se, porém, em torno da questão relativa ao que é designado por Lévinas como "terceiro".

Muitas vezes, a maneira como ele introduz a consideração do terceiro e, por conseguinte, da exigência de justiça é, por assim dizer, reativa enquanto resposta a uma objeção formulada (ou que ele se propõe). Trata-se, em geral, de responder à – ou de antecipar a – objeção constituída por um apelo maciço ao fato da experiência: somos vários e vivemos, ou tentamos viver, juntos. O que significa, no mínimo, duas coisas que não são evidentes no pensamento levinasiano e, inclusive, podem aparentemente contradizê-lo: existem *vários* rostos e, em certo sentido – a partir do ponto de vista, justamente, do terceiro –, *sou um deles*.

Em poucas palavras, a estrutura da "relação" ética, segundo Lévinas, é profundamente dual; ela consiste em um "face a face" (nem que fosse presença na defecção da presença) que se desdobra a partir do único ponto de vista em que é possível se apoiar, ou seja, o da ipseidade "confinada" em seu ponto de vista que, justamente, a alteridade vem, por assim dizer, desalojar. Em certo sentido, a ética segundo Lévinas provém integralmente dessa focalização e do tipo de dualidade que ela implica. Ora, a objeção maciça consiste, efetivamente, em questionar-se se tal perspectiva não é terrivelmente abstrata, se ela não oculta a palavra de Aristóteles, que, em certo nível, pelo menos, vale como descrição fenomenológica do que se dá a nós: o homem é um *zoon politikon*, um ser "político" ou, no mínimo, "social".

Parece-nos que, correspondendo aos diferentes níveis de profundidade da objeção, Lévinas propôs respostas de diferentes tipos.

O primeiro consiste em constatar o fato de que vivemos em sociedade – que existe o outro do outro – e, desde então, esta tomada de consciência deve, no nível pragmático e, por assim dizer, empírico, da vida de todos os dias, "corrigir" a inteireza e a Infinidade, a absolutidade da responsabilidade por Outrem. Correção e limitação necessária para que, precisamente, minha responsabilidade por Outrem (que será sempre *determinado* Outrem, *determinado* rosto) não me leve a causar prejuízo ao outro Outrem, ao outro do outro. A responsabilidade ou o amor por Outrem desdobrar-se-ia, assim, naturalmente em justiça para não se trair: se é necessário dar *tudo* de *si* ao outro, não será necessário, entretanto, saber compartilhar *entre os outros*? O caráter incondicional e absoluto do dom de si – para o si mesmo e de seu ponto de vista – não impede e, até mesmo, exige que esse dom esteja submetido à moderação e às circunstâncias – no momento em que é o ponto de vista dos outros que é adotado. Caso contrário, a absolutidade do dom de si voltar-se-ia contra ela própria.

Assim, existe a possibilidade de articular a responsabilidade ética com a justiça (enquanto ela seria, desde sempre, *social*), embora elas se oponham, por assim dizer, termo a termo, no sentido em que são como a desmesura em relação à moderação, como a absolutidade – a "incondição", de acordo com a palavra utilizada, às vezes, por Lévinas – à condicionalidade, como a irremissibilidade do ponto de vista, a "identidade do único", à intermutabilidade das condições e situações. A necessidade de continuar a primeira na segunda é, por assim dizer, uma desfiguração necessária, um compromisso concluído com certo princípio de realidade, um "mal menor" para que a responsabilidade ética tenha alguma efetividade, para que o Mal deixe de existir.

Deste ponto de vista, a postura de Lévinas é bastante "clássica"; em seu aspecto geral (e não no seu conteúdo), ela lembra a dos teóricos do "Direito Natural" para quem o Direito é profundamente um centauro, um ser híbrido, de compromisso, entre a ordem harmoniosa da Natureza e a ordem imperfeita, arbitrária e contingente, do mundo em que ocorre a vida dos homens. Essa postura foi, aliás, retomada por Kant, para quem o Direito é a aliança contra-natural, embora necessária, entre a pureza racional e refletida da lei moral e a irracionalidade violenta das relações humanas (de fato, além de não sermos anjos, somos movidos pelas paixões de nossa sensibilidade): mediante esse compromisso, a lei tem interesse em possuir alguma efetividade; além disso, a inconsequência radical é evitada porque, evidentemente, nesta configuração, é a moralidade que se encontra na base da política das paixões humanas com a qual ela consente a comprometer-se (aliás, suas principais encarnações sensíveis são o direito e o Estado) com a condição de dirigi-la.

Em certos aspectos, a posição levinasiana relativa à articulação entre a responsabilidade ética, por um lado, e, por outro, o político e o social, pelo viés da justiça, é efetivamente do mesmo tipo em sua configuração, sem deixar de ser diferente, é claro, em seu conteúdo específico. A responsabilidade ética – sem ser, de modo algum, formal porque é a própria concretude do "dar aos que têm fome" –, experimenta a necessidade de se encarnar no sentido de levar em consideração o social e o político, enquanto justiça garantida por um "Estado de Direito". Na pior das hipóteses, será diagnosticado, no âmbito da reflexão levinasiana, um elemento sobressalente e, na melhor, será descrito um pensamento que sabe atribuir ao político e ao social, pelo viés da noção de justiça, um estatuto cuidadosamente designado como secundário e derivado, dirigido pela absolutidade dual da relação ética.

No entanto, a relação da ética, segundo Lévinas, com o social e o político, pelo viés da consideração da Justiça, não é assim tão simples, no mínimo, por duas razões. Em primeiro lugar, Lévinas chegou a analisar o político, não enquanto limitação da obsessão pelo rosto singular, tendo em vista a partilha com os outros rostos, mas limitação da perseguição desencadeada por Outrem ao eu; não enquanto limitação, para mim, de minha exposição a Outrem – ou de minha responsabilidade por Outrem – em favor do terceiro, mas o terceiro como limitação da perseguição a que sou submetido por Outrem. Convém limitar a perseguição do si por Outrem... para que seja possível viver *minha vida*.

Tal é a "hipótese extravagante"[18] que Lévinas tem a ousadia de formular nos seguintes termos: ele propõe a reviravolta do modelo hobbesiano segundo o qual a sociedade civil (político) surge de uma decisão artificial dos homens – um contrato – destinada a destruir ou, pelo menos, a limitar o estado de natureza concebido como "guerra de todos contra todos", guerra sem limites.

No modelo proposto por Lévinas, a consideração do terceiro, no plano da justiça e do político, surge como limitação do que, na absolutidade e Infinidade do amor ou da responsabilidade por Outrem, possa haver de propriamente insuportável, inassumível – no sentido estrito, impossível de viver. Sem dúvida, essa reviravolta do modelo hobbesiano poderá parecer provocante uma vez que, do ponto de vista quantitativo, quase sempre o comportamento majoritário e predominante é efetivamente a guerra (mesmo que não seja

---

18. "L'extravagante hypothèse", tal é o título de um artigo de M. Abensour sobre esta questão, in *Rue Descartes*, nº 19, *Emmanuel Lévinas*, org. de D. Cohen-Levinas, PUF, 1998.

explícita) e não a caridade ou o amor.[19] No entanto, ao declarar que não "se serve da estatística", Lévinas exige precisamente que, em vez de limitar-se ao dado mais aparente, se retorne ao que permite que esse mesmo dado apareça: se, no que os fenomenólogos designam por atitude natural e mundana, a violência é predominante, o próprio mundo da violência só pode perseverar em seu ser porque é habitado por seu contraditório[20], ou seja, o amor e a responsabilidade, ainda que estes fossem, nos fatos, minoritários ou inexistentes (mesmo que houvesse apenas um justo entre as nações; mesmo que pudesse existir uma geração sem qualquer justo).

Essa hipótese – extravagante, embora altamente coerente no âmbito do pensamento levinasiano –, ao manter, é claro, a anterioridade da ética em relação ao político, tende, porém, a enraizar *profundamente* o político na ética, se o político deixa de ser apenas uma tomada de consciência "posterior" da pluralidade dos rostos para referir-se à situação ética em si mesma e no mais profundo dela própria. Apesar dessa formulação não ter sido utilizada por Lévinas, pelo que sabemos, seria possível ver no político – para retomar um movimento de pensamento bastante apreciado por nosso filósofo – uma *evasão* fora da ética que a libera de si mesma e, desta vez, permite-lhe ser verdadeiramente ela própria, sem sucumbir sob seu próprio peso. Uma evasão fora da ética que é sua continuidade em condições que não poderiam ser mais favoráveis, evitando que ela se transforme em seu contrário, permitindo-lhe, de maneira bastante paradoxal – na tese, contudo, sempre provisória, de um Estado de

---

19. E é, aliás, efetivamente essa constatação que vale como "a primeira abordagem e a maior parte das vezes" que inaugura e dá a partida de *Totalité et Infini*.
20. Cf. o segundo capítulo deste livro, no qual este assunto é abordado.

Direito que garanta a justiça –, continuar a libertar-nos do ser (que, em sua perseverança, é guerra e mal).

Haveria, certamente, pouco interesse filosófico em reduzir a perspicácia da postura ética, em Lévinas, a um "compromisso" com o político. Mas, seria demasiado fácil – seja para apoiá-lo efusivamente ou para deplorá-lo – eliminar o estatuto significativo do político enraizado no âmago da ética.

O terceiro: justiça e filosofia

É possível avançar ainda um passo. Não convirá, em companhia de Paul Ricœur[21], analisar o estatuto absolutamente estratégico do terceiro e da justiça na obra *Autrement qu'être ou au-delà de l'essence*? Longe de ter um estatuto secundário, derivado ou relacionado com a ética da perseguição, a abordagem do terceiro e da justiça não será – de maneira certamente paradoxal – seu clímax?

De fato, a dimensão do terceiro e da justiça é homogênea à do discurso filosófico como tal. Em certo sentido, inclusive, o Dito filosófico e a justiça são o avesso e o reto da mesma exigência, assim como o *logos* grego em seu sentido inaugural, longe de opor, ou ao menos de estabelecer a distinção rigorosa entre teórico e prático, significou, de saída, pelo mesmo impulso e de maneira ilacerável, enquanto "agregador" fundamental, a proporcionalidade, a moderação própria de um discurso racional, e a proporção harmoniosa, a isonomia, entre os homens: justiça e filosofia (ou, aqui, ciência) ainda

---

21. P. Ricœur, *Outramente: leitura do livro "Autrement qu'être ou au dela de l'essence" de Emmanuel Lévinas*, trad. de Pergentino Stefano Pivatto, Petrópolis, Vozes, 1999.

confundidas em seu torrão natal. Coerência e harmonia exigidas por esse *logos* ao âmago do Cosmos, assim como da sociedade humana e dos discursos que se esforçam por oferecer seu reflexo.

Convém lembrar-se dessa raiz comum, dessa quase identidade entre a justiça, como dimensão do terceiro, e o discurso filosófico. Neste caso, não causará admiração que a justiça, como dimensão do terceiro, endosse no pensamento levinasiano – no mesmo plano do Dito filosófico – o papel tão ambíguo, quanto decisivo, de espaço de acolhimento do Infinito.

Ao propor a leitura de Lévinas, este livro teve a ambição de assumir a ambiguidade da reflexão levinasiana no sentido em que, longe de qualquer compromisso, em sua determinação inabalável por uma rigorosa radicalidade, ela não se presta à facilidade nem de uma mistura, nem de uma separação estabelecida de uma vez para sempre: a ambiguidade como intermitência. Tivemos a oportunidade de captá-la sob diversas perspectivas, por exemplo, na relação do judaísmo de Lévinas com sua filosofia; ora, é efetivamente como ambiguidade do filosófico como tal que, afinal de contas, ela deve ser designada.

Leitmotiv de nossa leitura: a fulgurância do Infinito faz existir a imanência do ser no sentido em que ela a precede, desde sempre, a partir de sua anterioridade sem fundamento, nem começo, *anárquica*; pelo mesmo movimento, analogicamente, enquanto se refletem neles as questões relativas ao ser e ao outramente que ser, o Dizer precede, desde sempre, o Dito filosófico que ele inspira.

Nesta configuração, a imanência do ser e o Dito tematizado que lhe corresponde não aparecem somente como secundários e derivados, mas como o próprio espaço da perdição e da sufocação, como contraditório ameaçador do Infinito e do Dizer: precisamente, é desse aspecto que o Infinito e o Dizer devem, incessantemente, ser liberados. No entanto, tentamos demonstrar que, se o surgimento do Infinito não se mostrasse segundo o modo paradoxal da desestabilização tanto do ser quanto do Dito temático, ele nunca chegaria a aparecer: em certo sentido, ele é integralmente *vestígio* ou *eco*. Portanto, é necessário afirmar que, além de serem necessários para o Infinito, o ser e o Dito temático devem, desde sempre, precedê-lo, ao emprestarem-lhe o espaço em que ele há de mostrar-se segundo o modo paradoxal da interferência de mostrar tudo, de todas as formas.

Tal é a ambiguidade fundamental que, sem ter sido resolvida, experimenta-se segundo o modo da intermitência, de uma temporalidade que se dá como algo de profundamente descontínuo, rompido: desde que um momento é constituído (o do ser ou do Dito), ele experimenta que, entregue a si mesmo, à sua inércia e à sua perseverança em si próprio, ele trai a voz da qual pretendia ser o eco; neste caso, convém que essa voz (a do Infinito) repercuta, de novo, para aboli-lo e salvá-lo, mas logo essa voz que consiste em uma pura força de desestabilização não poderia consistir em si mesma e só consegue escutar-se tendo por fundo o que ela acaba de desestabilizar e que, assim, ela suscita ao desestabilizá-lo... e, assim por diante, em uma intermitência Infinita.

À luz dessa ambiguidade fundamental – idêntica praticamente ao que faz seu âmago, no pressuposto de que o filosófico e a justiça sejam praticamente idênticos – é que se esclarece o estatuto da justiça em relação ao terceiro (no genitivo tanto subjetivo quanto objetivo, justiça devida ao terceiro, que lhe é devida e que ele nos outorga).

Certamente, o Político é secundário e derivado em relação à ética da perseguição, constituindo sempre uma ameaça de traição para ela. Por outro lado, somente a justiça do terceiro (expressão positiva daquilo que o político, como tal, seria a face obscura) pode garantir à ética um espaço em que ela possa mostrar-se. Nunca se insistirá demais no fato de que a justiça, em Lévinas, não é apenas o que, após o termo da ação, vem limitar a absolutidade "insuportável" da ética (em relação tanto ao outro Outrem, quanto ao si submetido à sua injunção), mas ela é o próprio espaço a partir do qual pode ser formulada e desdobrada a injunção ética, o único espaço a garantir-lhe essa possibilidade, sem deixar de se oferecer, em seu conteúdo, como seu contraditório. A ética levinasiana supõe a justiça, assim como o Dizer do Infinito supõe o Dito temático pelo qual ele se mostra no próprio gesto de desfazê-lo. O discurso que certifica a prova do outro só pode ser escrito a partir do discurso do terceiro, ou melhor, *a partir de* um discurso segundo o qual os diferentes sujeitos (os diferentes "eus") são intercambiáveis.

O discurso filosófico de Lévinas é, *ao mesmo tempo*, injunção e encenação da prova de Outrem em uma solidão irremissível, por um lado, e, por outro, discurso desencadeado a partir da intermutabilidade do "eu" universal (o estritamente filosófico, se quisermos, o *Eu* das meditações de Descartes ou de Husserl): um contra o outro – em que a preposição "contra" é entendida no sentido tanto de apoiado, quanto de oposto.

A Justiça: o que permite arrancar-se ao ponto de vista do "eu" confinado em si mesmo, obcecado por Outrem até a sufocação, atrevemo-nos a afirmá-lo; o que permite adotar uma focalização nula ou externa, apoiar-se em um espaço compartilhado no qual todos somos intercambiáveis, iguais, para poder formular a própria exigência à qual, no entanto, teremos de nos arrancar, correndo logo o risco de traí-la. Profunda ambivalência do "conviver" que impede que seja eliminada, deixada de lado, a face positiva e incontornável dessa mesma ambivalência.

Os diferentes gêneros de comentários, cuja tipologia foi apresentada em um sucinto esboço no início deste capítulo, são, conjuntamente, todos errôneos e verdadeiros – errôneos pelo simples fato de que não assumem ser, conjuntamente, verdadeiros. Eles são todos verdadeiros, não segundo o modelo do compromisso mediante o qual reconhecem que, incontestavelmente, o pensamento de Lévinas é incoerente deste ponto de vista, mas por testemunharem, assim, da reduplicação no comentário da *ambiguidade* que cintila no âmago do filosofar levinasiano.

É errôneo "diabolizar" a Sociedade Civil, o Político, ao identificá-lo com o inferno grego no qual acabaria por se perder a ética judaica de Lévinas, ou ao exigir o retorno do Dizer em exílio.[22] Ou, antes, é absolutamente verdadeiro porque essa exigência foi incessantemente reiterada, segundo Lévinas, mas é errôneo pensar que esse retorno possa e deva ser unilateral e definitivo – justamente, sem ambiguidade.

É errôneo fustigar um pensamento que, ao promover o Outro como obsessão e perseguição, teria esquecido o sentido grego da ética como "ethos", ou seja, precisamente como permanência, como viver e "conviver", para transformar a ética em um "lugar" onde seja impossível permanecer e, até mesmo, impossível viver. Ou, antes, é verdadeiro não renunciar à radicalidade dessa ética, mas é errôneo imaginá-la sem ambiguidade a pretexto de que, efetivamente, ela não tem compromisso. O sublime da

---

22. Cf., por exemplo, Benny Lévy, *Visage continu: la pensée du Retour chez Emmanuel Lévinas*, Paris, Verdier, 1998.

ética levinasiana, seu *hubris* – aspecto que tentamos demonstrar neste livro – deixa seu vestígio no plano mesmo da moderação e da tomada de consciência do terceiro que ela é também, sem se petrificar nesse aspecto. O essencial, evidentemente – e esforçamo-nos por demonstrá-lo –, consiste em indicar, com a *maior precisão possível*, o leve atrito entre um e o outro no âmago da filosofia levinasiana.

É verdadeiro observar a posição, por assim dizer, arquitetônica da instância do terceiro, assim como da exigência de moderação e de justiça[23], no pressuposto de que ela seja o próprio espaço da formulação da ética levinasiana. Mas, é errôneo tomá-la como pretexto para relativizar, para "conter" o Infinito da responsabilidade por Outrem; uma vez mais, é errôneo atribuir a primeira ou a última palavra à moderação da justiça e do Dito tematizado, característica do momento grego do filosofar.[24] Como se, em última ou primeira instância, o *logos* e a sociedade gregos – ou a razão e o Estado racional – acabassem por levar a melhor. Ao permitir que o Infinito ético se *apresente*, o tema filosófico e o Estado que garante a justiça tornam-se o que eles são unicamente pelo fato de visarem logo sua superação, pelo fato de liberarem, logo, o sopro do Infinito que acolhem, arriscando-se a fixá-lo.

---

23. Cf., por exemplo, P. Ricœur, op.cit.

24. Formulamos a questão de saber se as últimas páginas do citado livro de P. Ricœur, ao procurarem em Lévinas uma "pós-ética" que seria "uma forma de redizer a tradição" (op. cit., p. 50-1) – mesmo que a delicadeza de seu procedimento as coloque a salvo da objeção, aqui formulada de maneira demasiado sumária e caricatural –, não correm o risco evocado por nós. Paul Ricœur escreve : "Sim, há em Lévinas uma quase ontologia que pode ser caracterizada como pós-ética. Posso discerni-la em alguns temas – no sentido forte da palavra "tema", "temático", ou seja, Dito – que, a meu ver, excedem a ética da responsabilidade." (op. cit., p. 51). Isso é verdade, mas apenas em um sentido. De qualquer modo, nada tem de derradeiro, nem de definitivo: não se trata da última palavra... uma vez que esta não existe.

Longe de qualquer inconsequência, o pensamento levinasiano considera que uma axiomática fundada na *arché* e/ou no definitivo é não pertinente para avaliá-lo. Ele exige que, em nossa vida e em nosso pensamento – no movimento que perpassou, desde sempre, não só a vida, mas também o pensamento –, suportemos e experimentemos o não definitivo com uma paciência que assuma que o Infinito de minha responsabilidade por Outrem não conseguirá livrar-se do pesado fardo de si mesma em um domingo qualquer ou em um fim da história: uma paciência que, no entanto, não acha o tempo demasiado longo e, pelo contrário, enfrenta a diacronia como ruptura incessantemente repetida para precaver-se do que acaba de nascer, de envelhecer e de se petrificar em determinada idade adulta de saber, de certeza, de perseverança no ser e, logo, de violência.

A paciência em questão consiste em desejar o provisório e correr o risco de enfrentá-lo, além de assumir o traumatismo e usufruir, logo, de um novo nascimento. Não para desertar a história dos homens, mas inscrever-se nela da maneira mais comprometida possível, com a condição de que seja segundo o modelo da intermitência. Por exemplo, desejar o Estado de Direito que garanta o respeito pelos direitos humanos, ou seja, os direitos de Outrem – combater em sua defesa –, mas logo deixar de aderir ao Estado que arrisca petrificar-se na mais assustadora das figuras do Uno e do Mesmo, o Estado totalitário que permanece latente em qualquer Estado como uma de suas possibilidades.

Contra essa possibilidade: defender que o decisivo e o nativo do humano funcionam muito mais "fundamentalmente", não no Estado, mas na dessimetria do face a face ético que lhe oferece resistência; experimentar que toda significação surge efetivamente a montante de qualquer Estado na prova a que um si é submetido por Outrem. E, apesar disso, logo fazer surgir a sociedade dos homens, o terceiro e a justiça, como exigência de limitação da obsessão por Outrem em que o humano é significativo; com efeito essa obsessão, *logo*, torna-se impossível de viver. E, apesar disso, logo... e assim por diante, em uma intermitência indefinida ou, até mesmo, infinita. A história dos homens da qual cada um participa completamente – e, talvez, mais que nunca, porque deve ter a força para se livrar dela ou oferecer-lhe resistência – não *acaba*, nem *perdura*, mas, incessantemente, ela recomeça.

Conclusão

O pensamento de Lévinas – durante um longo período, intempestivo, quase confidencial, tecendo-se fora das modas, assim como das "grandes narrativas" do século XX (marxismo, existencialismo) – encontrou, de forma brusca e tardia, seu tempo. Alguns hão de sussurrar que ele se deparou com a apatia da época, tendo surgido no momento exato para se desenvolver na atmosfera do final de um século que havia acumulado todas as desilusões. Àqueles que não desejam ceder a um "pós-modernismo" pretensamente relativista, até mesmo, cínico, e que, no entanto, deixaram de *acreditar* (seja em Deus ou no homem novo das grandes religiões institucionalizadas, seja em Marx e no homem novo do marxismo oficial; e, com grande dificuldade, em Deus ou no homem "sem mais nada", depois do Holocausto!), o discurso de Lévinas não teria oferecido, por assim dizer, uma porta de saída conveniente? Ele teria chegado no momento exato para curar as feridas de uma época e prometer-lhe um pouco de sentido e de orientação sem levá-la a reviver as circunstâncias das quais ela se afasta agora, de tal modo esse intercâmbio se revelou ser mortal: de fato, a credibilidade da utopia política e da fé na história, assim como do Deus institucionalizado das grandes religiões monoteístas, sofreu sério abalo diante das provações do século XX.

Quadro sucinto – segundo uma representação comumente disseminada – da época: um refluxo de natureza religiosa (e, desde então, o retorno da religião sob formas imprecisas e mais próximas da ingenuidade do sagrado que do santo, para utilizarmos os próprios termos de Lévinas), o desmoronamento dos sólidos programas políticos, o fim da história como fim da ideia de história na desilusão e não tanto como realização de uma sociedade radiosa e, desta vez, um recentramento segundo a perspectiva individual da ética, precisamente no sentido em que se deixou de acreditar tanto no social quanto no político. Ao se deparar com essa época, o pensamento levinasiano iria "segurar" sua debilidade e não fornecer-lhe um remédio. A ética do rosto de Outrem viria acomodar-se ao slogan da década de 1980: "Deixa em paz meu chapa."[1] Ela ofereceria uma formulação teórica um tanto frágil ao "direito à diferença", assim como um pouco de espiritualidade a uma época da tecnologia sem limites – produtora de eficácia, mas não de sentido.

A ética levinasiana seria um *ersatz* de religião, um judeo cristianismo reduzido à sua mais simples expressão para multidões displicentes e ignorantes, mas à procura de sentido (e o que haveria de melhor, além da religião, para responder a essa demanda?). Ela tornaria insensíveis nossas feridas sem poder reparar uma carência dolorosa, mas anestesiando a dor – no sentido estrito da expressão, um "tapa-miséria"... E no pressuposto de um desmoronamento do *élan* religioso? Felizmente, temos a ética do rosto para satisfazer nossas propensões judeo-cristãs, nossa avidez por bons sentimentos, o desejo de nos darmos boa consciência, que, em primeiro lugar, passa pela

---

1. No original: *Touche pas à mon pote*. [N. T]

faculdade de nos dotarmos de uma má consciência! E se o político viesse a desmoronar? Felizmente, resta-nos defender o recinto reservado dos direitos de Outrem; deste modo, uma expectativa e uma ação política são ainda possíveis, mas renunciando à transformação radical da sociedade...

Um dos objetivos deste pequeno livro – sem ser o principal para não atribuir demasiada importância à nossa abordagem – foi efetivamente denunciar o aspecto absolutamente caricatural de tal apreensão do pensamento levinasiano, tanto por aqueles que o aceitam com entusiasmo quanto por aqueles que o criticam. Aliás, tentamos sublinhar que, no exercício exigido para nos instalarmos nessa caricatura a fim de descrevê-la, imitamos espontaneamente o tom da denúncia e não um tom "piegas": na escolha entre as duas possibilidades, preferimos a primeira! Mas, o importante terá sido mostrar que a *pertinência* desse pensamento se situa alhures, longe dessa caricatura. Não simplesmente por se alimentar com a mais rigorosa e mais difícil fenomenologia, sem concessões – apesar de sua repugnância em relação à escolástica, ao vocabulário técnico, preferindo-lhe certa disciplina da escrita –, nem simplesmente por se alimentar com um judaísmo talmúdico, "intelectual", igualmente, sem concessões – e sem considerá-lo como argumento de autoridade – mas enquanto tal, ou seja, um pensamento que experimenta o surgimento do Outro, Infinito e Rosto, irredutível à proeminência do Mesmo e, pelo mesmo impulso, dá testemunho da ofuscação do teórico a partir do próprio teórico. Atrevemo-nos a propor a fórmula "prática teórica", no sentido de injunção total a efetuar, de novo, a prova a que é submetida; prova na qual deixa de existir a oposição entre o mais intelectual (o que haverá de mais exigente, do ponto de vista especulativo, que algumas páginas do livro *Totalité et Infini*!) e o mais imediato da vida cotidiana (dar seu pão, abrir sua casa...) – sem que um desses planos seja dissolvido no outro.

Por ser inegável, de acordo com o que acabamos de mencionar, a *possibilidade* de fazer um uso inconsistente de tal pensamento[2], neste caso, não se pode esquivar a seguinte questão: esta leitura "deficiente" será estritamente um contrassenso em relação ao pensamento levinasiano ou, então, sua consideração será um convite a nos questionar sobre o que faz falta a esse pensamento para tornar *impossível* tal uso? Neste caso, mergulhamos em águas ambíguas em que é tão difícil decidir o que, na produção de uma *caricatura*, cabe ao olhar do receptor e o que ainda é orientado pela forma do que se dá a ver.

Ao formular esta questão, contentar-nos-emos em observar simplesmente que, neste aspecto, o pensamento levinasiano apresenta *vários rostos*; além disso, pode-se dizer que ele demonstra coragem ao assumir sua proximidade com sua caricatura, ao designar o mais suscetível de ser caricaturado como o que há de mais rigoroso e radical, em suma, de Infinito. O rosto está sempre à beira de sua caricatura, enquanto a ética está sempre à beira da tolice: além de ter conhecimento disso, Lévinas vai expressá-lo em seus escritos. E, entre outras coisas, tal postura significa que o pensamento autêntico da ética encontra sua verdadeira coragem ao correr o risco da caricatura; com efeito, somente ao incorrer nesse risco é que há de manifestar-se, de forma intermitente e fugaz, sua "grandeza", ou seja, o que

---

2. Ao nos questionarmos sobre os "usos de Lévinas", deparamo-nos com a maneira de ler nosso filósofo que é a de S. Malka em seu livro *Lire Lévinas*, op. cit., cap. VIII.

Conclusão

223

mais se opõe à trivialidade petrificada que, por sua vez, é a característica da caricatura.

O pensamento levinasiano acabou, portanto, por ser adotado como discurso inconsistente e trivial, tendo flutuado de acordo com o ar do tempo. Neste uso de si mesmo, ele expõe-se a uma crítica do tipo marxista que o denunciaria como um novo figurino ideológico destinado a dissimular e legitimar as práticas alienantes de nossos dias: ele tornar-se-ia o aliado de uma democracia consensual e do que, então, será designado, pejorativamente, como o "direito do hominismo" – ópio que nos dissuade da revolta; ainda pior, ele serviria de pretexto para a realização de alguns "seminários de ética" promovidos por grandes empresas e, inclusive, segundo parece, teria sido adotado por alguns conselheiros do presidente de uma das mais poderosas nações deste Mundo... "tapa-miséria" e garantia que fornecem legitimidade a práticas violentas das formas contemporâneas do capitalismo.

Nunca seria demais regozijar-se pelo fato de que esse tipo de crítica reduza a estilhaços a casca petrificada e demasiado edulcorada dessa caricatura do pensamento levinasiano (aquela que se acomoda de forma demasiado fácil a uma versão inconsistente "do direito à diferença", cujos limites foram mostrados por Pierre-André Taguieff[3], e, em particular, que possibilita exatamente seu reviramento para colocá-la a serviço de uma argumentação racista; ou, então, aquela que, pelo contrário – neste caso, pouco faltaria para estarmos diante de uma contradição –, transforma Outrem na nova forma de universalidade dos direitos humanos, esses figurinos talhados

---

3. Cf., em particular, P.-A. Taguieff, *La force du préjugé: essai sur le racisme et ses doubles*, Paris, La Découverte, 1987.

malevolamente para proteger o indivíduo egoísta, burguês e/ou liberal).[4]

No entanto, o menos certo é que essa crítica possa atingir seu objetivo, ou seja, a desqualificação radical da ética.

Precisamente, não seria possível fazer uso dessa mesma crítica para ressaltar que a ética levinasiana nada tem a ver com o que é, neste caso, objeto de incriminação?

Assim, convém lembrar, sucintamente, como o pensamento de Lévinas se dá a quem pretenda realmente entendê-lo não só como o contrário mesmo desse conforto pequeno-burguês que, às vezes, veio a servir-se dele para se justificar, mas também como prova e testemunho do exagero, do desbordamento "que outramente que é" o Infinito, até a situação impossível de viver, até o insuportável da perseguição.

Assim, por intermitência, manifesta-se a ambiguidade levinasiana: aquilo mesmo que, segundo parece, deve ser abandonado e denunciado, de determinado ponto de vista, como insustentável, constitui, igualmente, o que de outro ponto de vista terá salvaguardado, desde sempre, esse

---

4. A menos que essa forma universal – ou seja, o cidadão –, cuja universalidade exige a intermutabilidade, seja distinta e, inclusive, se oponha ao indivíduo liberal. No entanto, a noção levinasiana de rosto oferece, talvez, a possibilidade de retirar a pertinência à oposição entre o indivíduo liberal, preocupado com a esfera privada, e o cidadão que se dissolve na esfera pública.

Aliás, é bem possível que, em sua tentativa para descrever o que entende por rosto, Lévinas tenha contribuído para uma futura reflexão política, ao propor uma noção rigorosa que permite evitar a alternativa infeliz em que o discurso antirracista contemporâneo tende a confinar-se, a saber: a oposição entre a defesa do direito à diferença (correndo o risco de desviar-se em apologia do particularismo, dos retraimentos comunitários e identitários) e a defesa da universalidade formal da figura do cidadão, a tal ponto que, por exemplo, a promoção da igualdade venha a transformar-se na dissolução das diferenças, em nome de um universal que acaba tornando-se terrificante com sua poderosa carga de anonimato.

pensamento de sua possível caricatura. Ou, dito por outras palavras: se o exagero inassumível não pode ser habitado definitivamente, então, de maneira inversa, ele não pode ser superado definitivamente.

Convém repetir sempre e incansavelmente: a ambiguidade – no sentido em que Lévinas a entende – será a força desse pensamento, livrando-o incessantemente, de novo, de si mesmo, em particular, para que seja mais autenticamente ele próprio.

Se nos firmamos nesta ideia, então uma leitura como a de Alain Badiou[5] – denunciando qualquer ética como resultante dessa caricatura em que baseamos nossa reflexão (trata-se de um "esforço inútil", escreve ele), e limitando-se a atribuir algum crédito ao pensamento de Lévinas na exata medida em que sua força estaria apoiada em sua essência religiosa ou edificante – parece-nos demasiado fácil no sentido em que ela não leva em consideração a ambiguidade e suas intermitências.

Na opinião de Badiou, a ética se desdobra entre o esforço inútil da ideologia contemporânea e a religião, o discurso edificante, pelo qual, por assim dizer, ela é reabsorvida. Mais exatamente, por ser formulação da responsabilidade e, inclusive, da culpabilidade fundamental do homem, como preocupação relativamente ao Mal, a religião é que, de forma mais relevante que a teologia – esta ainda tem a pretensão de ser uma teoria –, é fundamentalmente ética. Transformando o homem em vítima, ela acaba por reduzi-lo a uma condição inferior à do homem (de uma forma ainda bem pior que ao transformá-lo em carrasco). A partir daí, o fato de não rebaixar o homem ao plano do animal equivalerá a posicionar o mal – e o homem suscetível do mal – em seu lugar apropriado, ou

---

5. A. Badiou, *L'éthique: essai sur la conscience du Mal*, Paris, Hatier, 1993.

seja, no domínio do religioso, e afirmar em alto e bom som que ele não suscita o interesse da filosofia que se ocupa do Verdadeiro, nem o da política.

Se estamos de acordo para recusar o pensamento inconsistente e, muitas vezes, inconsequente, que se apresenta, atualmente, sob o nome de ética, parece-nos demasiado fácil identificar o "resto" eventual da ética com a religião, como se tratasse de seu terreno de predileção, tendo o objetivo de autonomizar uma filosofia "pura" (cuja primeira ocupação seria o Verdadeiro e, estritamente, em um registro teórico, referindo-se ao homem apenas por efeito indireto). Lévinas ensina-nos precisamente que tais operações de demarcação de fronteiras estanques são desmentidas pelo próprio filosofar – e não em nome da confusão, mas do que poderia ser designado como uma contaminação rigorosa. O verdadeiro esforço levinasiano não terá consistido em sair da alternativa: filosofia sem relação com o discurso religioso/filosofia que se apoia no argumento de autoridade deste último?

A partir da filosofia mais teórica, em sua vertente interna, a reflexão levinasiana dá testemunho do que excede esse mesmo registro – e, então, ao considerar a ética como *um simples* discurso edificante, a crítica de Badiou é parcial; pelo mesmo impulso, ela é testemunho de que a filosofia mais teórica é dada a si mesma pelo vestígio do que ela só pode coletar em si sob a forma de um vestígio, precisamente, que irá desbordá-la de uma forma infinita – e, então, a ideia de uma filosofia como afirmação exclusiva das verdades, preconizada por Badiou, continua sendo parcial.

Diante da impossibilidade de avançar além de um esboço deste debate, não deixaremos de chamar a atenção para um aspecto que nos parece ser favorável a Lévinas. De fato, sua prática da filosofia terá tentado, como que antecipadamente, desconstruir a axiomática que constitui o ponto de partida de Badiou: para confiná-la nos muros da religião, será necessário, em primeiro lugar, reconstruir os muros cuja estanquidade havia sido derrubada por Lévinas, que, ao mesmo tempo, havia rejeitado a mistura inconsequente dos gêneros. Para identificar a ética levinasiana com a religião e, assim, excluí-la da filosofia, para fazer reinar a proeminência exclusiva da verdade (ainda que, para Badiou, ela fosse da ordem do acontecimento), será necessário, em primeiro lugar, avaliar o gesto que inquieta a verdade como manifestação do ser.

Então, o que conta, antes de tudo, não é o verdadeiro, mas o Infinito que se anuncia como rosto, ou seja, como o humano, finalmente, manifestado como tal. Nem por isso a verdade e o ser deixam de contar – aliás, eles aparecem como indispensáveis espaços de acolhimento –, mas a capacidade para se confinarem em si mesmos e se totalizarem terá sido desestabilizada, desfeita; e eis o que ocorre, também, com a capacidade para proceder a essas operações de triagem nas fronteiras que permite reconduzir um corpo estranho ao seu lugar (à religião).

Se, com Lévinas, a ética é considerada como a reviravolta e a ofuscação do teórico, experimentadas no próprio plano do teórico, então, a denúncia de que o termo "ética" se tornou, atualmente, algo de inconsistente do ponto de vista teórico e político, falha seu alvo. É verdade que seria possível objetar que é suscetível de contestação o fato de que Lévinas tenha adotado esse termo, apesar de tudo o que, até aqui, tem sido designado por essa palavra. No que nos diz respeito, aliás, e na esteira de nosso filósofo que nunca petrifica o sentido dos termos e, por isso mesmo, atreve-se a deslizar de um para outro – no final de sua vida, ele não chegou a afirmar que os temos "amor" ou "santidade" conviriam melhor ao que havia designado, até então, sob o nome de "ética"? –, não fazemos questão de conservar esta palavra. No entanto, podemos sempre entendê-la como portadora de uma significação insofismável se ela nos diz que a prova relativa ao inaudito do Infinito e à ofuscação do teórico é integralmente preocupação com o humano.

* * * *

Parece-nos que, de maneira geral, o pensamento levinasiano é absolutamente criticável; inclusive, alguns de seus aspectos, no sentido estrito, são insuportáveis, por exemplo, a absolutidade da perseguição. Mas, não será essa mesma radicalidade no "insustentável" que – permitindo-lhe renascer, incessantemente, das cinzas em suas ambiguidades – a coloca a salvo de qualquer crítica que pretendesse, por um lado, ser definitiva e, por outro, destruí-la de uma vez para sempre, depois de ter fixado seus contornos e ter caricaturado seu rosto?

Parece-nos que não se pode – nem, de modo algum, se deve – evitar a crítica desse pensamento; no entanto, a crítica que pretendesse superá-lo "de uma vez por todas" será sempre demasiado limitada, se levarmos em consideração a força de sua ambiguidade, além de seu poder de renascer, independentemente de qualquer inconsequência, assim como de qualquer dialética, no sentido hegeliano do termo.

Assim, quando Dominique Janicaud levanta a suspeita de que a filosofia de Lévinas participa da "virada teológica" da fenomenologia francesa[6] pela qual esta última transgrediria suas próprias condicionantes legitimantes, parece-nos que ele não é sensível à ambiguidade das relações que a filosofia levinasiana mantém não tanto com

---

6. D. Janicaud, *Le tournant théologique de la phénoménologie française*, Combas, Éclat, 1991.

Conclusão   229

uma teologia de alhures, mas com a revelação e o profetismo, segundo o judaísmo.[7]

Por isso, inversamente, não poderíamos deixar de
considerar demasiado unilateral e, neste sentido, demasiado simples a leitura de Lévinas proposta por Benny
Lévy em seu livro, já citado, *Visage continu*. Nesse
texto, em vez de ser conotado negativamente, o elemento grego – *Logos* e *Polis* – é praticamente designado
como o que deve ser abandonado, como o comprometimento ao qual alguém deve arrancar-se. Em nosso
entender, trata-se de uma forma de considerar
superficialmente a ambivalência intrínseca e não reso-
lúvel do elemento grego, como filosofia e política – aspecto para o qual, incansavelmente, tentamos chamar a
atenção nesse pensamento.

Aliás, deste ponto de vista, é significativo que Benny
Lévy se apoie em um trecho de *Lectures talmudiques* em
que o *logos*, em sua equivocidade, é explicitamente qualificado como diabólico. Em vez de eliminar o diabolismo
do *logos*, nossa leitura consistiu, pelo contrário, em mostrar que ele não é, talvez, simplesmente comprometimento
do Santo, mas também fecundidade em sua ambiguidade,
ou seja, única maneira à disposição do Infinito para entrar
em contato conosco, para se mostrar na tensão paradoxal
de um equívoco. E seria possível encontrar numerosas expressões levinasianas que conotam, positivamente, a ambiguidade ou o equívoco enquanto precisamente fecundidade
da expressão filosófica, enquanto risco para o Infinito e
desestabilização para o *logos*.

Por conseguinte, o subtítulo do livro de Benny Lévy –
O pensamento do Retorno em Emmanuel Lévinas – retoma
a ideia de que se deve trabalhar em favor do retorno tanto

---

7. O capítulo 3 deste livro esforça-se, em certo sentido, por tornar-se sen-
    sível a essa ambiguidade; portanto, remetemos o leitor a esse texto.

do Dizer em exílio no Dito quanto do Infinito em exílio entre os terceiros; ora, precisamente neste aspecto, diríamos de bom grado que se, incessantemente, é necessário efetivamente liberar, de novo, o Dizer que corre o risco de se petrificar no Dito, haveria certa ingenuidade em sugerir que seria possível voltar do exílio *definitivamente* e, inclusive, que um simples retorno definitivo fosse a tarefa a exigir e implementar. A intermitência Infinita pela qual o Dizer se lança no Dito, compromete-se com ele e anuncia-se nele, exigindo logo sua liberação dele, é interminável.

Neste sentido, na filosofia de Lévinas não existe "terra prometida". Mais exatamente, essa filosofia exige, como indispensável, uma "terra prometida", no sentido em que, incessantemente, de novo, ela recusar-se-á aos enraizamentos no ser ou no Dito para continuar sua marcha, ensinando-nos, além disso, que uma terra prometida nunca é justamente um termo derradeiro, um fim da história. A ocorrência da filosofia, assim como do futuro, só é possível mediante tais condições. No aspecto mesmo em que o Lévinas de Benny Lévy exige o retorno e diaboliza a ambiguidade[8], nossa leitura de Lévinas assume o nomadismo e experimenta a ambiguidade como a própria fecundidade do filosofar.

---

8. Certamente, nossa apresentação da postura de B. Lévy — que pretende ser uma simples indicação no âmbito de um breve debate acerca dos usos de Lévinas — é, sem dúvida, caricatural: B. Lévy conhece perfeitamente a valorização do uso da ambiguidade em Lévinas e não interpreta a exigência do Retorno nos termos de uma linearidade que chegasse a um termo em algum lugar.

Entre sua leitura e a que esboçamos aqui, existe apenas uma oposição na acentuação desse aspecto: B. Lévy tende a sublinhar, incessantemente, o retorno da filosofia ocidental para a Bíblia, assim como o retorno do Dizer em exílio para ele mesmo; quanto a nós, e como reconhecimento da ambiguidade — segundo a qual o retorno só se entende, logo, como uma nova partida, o Dizer logo se exila de novo, mas logo deixa, de novo, o lugar de seu exílio —, nossa leitura tende a acentuar neste ou naquele confronto o que foi deixado em segundo plano pela outra leitura. Neste sentido, ela será sempre parcial, mas tentará evitar a petrificação em alguma dessas posições.

Conclusão

Essa ambiguidade pela qual o pensamento levinasiano deve assumir momentos de identificação (neste caso, por exemplo, a leitura tanto de Dominique Janicaud quanto de Benny Lévy está fundamentada, para além da oposição, na apreciação do tema abordado) e, ao mesmo tempo, liberar-se logo dessas identificações – portanto, não só das críticas, quanto das apologias que as tomam como alvo; essa ambiguidade, cuja pertinência se verifica, de forma exemplar, a propósito das relações entre filosofia e "religião", dissemina-se por todos os níveis do texto levinasiano.

Assim, ao analisar mais de perto a própria maneira como a inspiração pela fé monoteísta trabalha o filosófico como tal, tentamos mostrar, por exemplo, a legitimidade da leitura tanto de Lyotard, que insiste sobre o especificamente "judeu", sobre a Lei, quanto de Marion, que procura identificar Lévinas com o cristianismo ao transformá-lo em um pensador da *kenosis* e, sobretudo, do amor.[9]

Em vez de aprofundarem uma inconsequência ou um aspecto inconsistente do pensamento levinasiano relativamente a esses temas, tais críticas manifestam, em sua própria oposição, a ambiguidade fecunda da reflexão de Lévinas. A divergência entre elas exprime o poder de surpresa que emana do texto levinasiano; e cada uma dessas leituras revela o poder de invenção da outra – no pressuposto de que ler um texto é sempre apresentá-lo com um novo rosto – e, logo, o limite e a insuficiência insuperável, se ler um texto é, desde logo e inelutavelmente, identificá-lo, correndo o risco de petrificá-lo.[10]

---

9. Cf. capítulo 5.

10. Este comentário a propósito da leitura de um texto filosófico pretenderia ser válido de maneira geral: de qualquer modo, é o que se aprende e se experimenta, de forma exemplar, ao ler Lévinas. É inútil sublinhar que, deste modo, a leitura apresentada neste livrinho experimenta o sentimento de ter caricaturado o texto levinasiano e de ter sido frustrado por ele — se não foi em maior grau, pelo menos em grau semelhante ao sentimento experimentado na leitura de qualquer outro texto.

Convém observar, de forma fortuita, que essa ambiguidade pode, às vezes, tornar difícil *situar* Lévinas. Até aqui, tentamos manifestar que essa dificuldade era o resultado de certa radicalidade desse pensamento que não se deixa apreender *de uma vez para sempre*. De forma mais prosaica, e embora Lévinas nunca tenha sido ambíguo – no sentido de falso – em suas tomadas de posição e na sua maneira de assumir ou reivindicar amizades no plano do pensamento, só nos resta demonstrar espanto pelo fato de que a obra levinasiana tem sido acolhida de maneira benevolente por pensadores que, às vezes, defendem posições bastante opostas.

No final do capítulo precedente, evocamos a ambiguidade de Lévinas em relação aos acontecimentos de "Maio de 68". E nunca será demais sublinhar que a obra deste professor da Sorbonne – portanto, inscrita, pelo menos relativamente à factualidade mundana, no centro da Instituição – alimentará um verdadeiro movimento de contestação, produzido em nome da "diferença" (no qual tem lugar o tema do Outro); e, um pouco mais tarde, um movimento de rejeição da política, necessariamente comprometida e impotente (no qual tem lugar o tema da ética). Além disso, se mantivermos certa distância dessa ideologia acomodada ao ar do tempo, para levarmos em consideração o que ocorreu de radical na filosofia, durante a década de 1970 – período às vezes contestável, mas frequentemente fecundo, do pensamento francês (o "pensamento de 68", de acordo com a expressão utilizada quase sempre de forma pejorativa, razão pela qual hesitamos a retomar tal fórmula) –, então, deve ser sublinhada a proximidade de Lévinas com pensadores tais como Blanchot e Derrida.

É a Lévinas que Derrida toma de empréstimo a noção de "vestígio" que será tão importante na elaboração de

Conclusão

sua própria noção de "dife*ra*nça". Se, de maneira bastante sumária, descrevêssemos a relação estabelecida por este filósofo com a obra levinasiana em sua evolução, então seria possível dizer o seguinte: Derrida identifica, em primeiro lugar, que Lévinas havia conseguido abrir a filosofia ocidental para o aspecto diante do qual ela se havia mantido sempre fechada; no entanto, observa uma hesitação diante do que, para ele, permanecia um resíduo de ingenuidade levinasiana a "desconstruir" a própria ideia de um totalmente-Outro ou de um Outro "como tal", a crença no "como tal". Em seguida, aos poucos, parece-nos ser o motivo do si – desestabilizado e, ao mesmo tempo, imposto pela injunção do Outro a quem ele responde "eis-me aqui!" – que, em sua leitura de Lévinas, passa ao primeiro plano e, sobretudo, acaba inspirando, significativamente, seu pensamento.

De qualquer modo, o pensamento da "diferença" – alvo mais frequentemente visado pelos denegridores do "pensamento de 68"[11] – reivindica também sua dívida em relação à leitura de Lévinas[12], que, de forma constante e absoluta, lhe serviu de inspiração; e qualquer leitor destes dois autores – Lévinas e Derrida – não pode deixar de se dar conta da efetividade dessa dívida. Aliás, se Lévinas manifestou, às vezes, suas reservas relativamente à "desconstrução" empreendida por Derrida a respeito de seus

---

11. L. Ferry e A. Renaut, *La pensée 68: essai sur l'antihumanisme contemporain*, Paris, Gallimard, 1985.

12. Inversamente, observemos de forma fortuita que, segundo alguns comentaristas, e embora não exista qualquer afirmação explícita de Lévinas nesse sentido, a leitura de "Violence et métaphysique" — texto em que Derrida designava, em particular, a ingenuidade "empirista" de Lévinas que consistiria em se dar uma relação, por assim dizer, imediata ao Outro no livro *Totalité et Infini* — não teria sido estranha à preocupação explicitamente manifestada em *Autrement qu'être* de se esquivar à linguagem da ontologia. Portanto, Derrida teria contribuído, talvez, significativamente para o itinerário do pensamento levinasiano...

textos – e à "desconstrução" em geral –, ele o reconheceu sempre como o autor de uma importante obra filosófica, aliás, semelhante à sua no modo de filosofar.

Por outro lado, resta-nos manifestar nossa surpresa perante o fato de que, justamente, apesar dessa proximidade com um pensamento como o de Derrida, apesar do interesse que lhe manifestou a filosofia lyotardiana, que havia extraído dele, conforme sublinhamos, um pensamento do judaísmo como pensamento da Lei, apesar de tudo isso, os denegridores do "pensamento de 68" – globalmente estigmatizado como irracionalista, desdenhador da racionalidade e, desde então, implicando-se no registro da sedução ou da intimidação – nunca tiveram a mínima dúvida em relação ao fato de que Lévinas havia elaborado um pensamento solitário nesses tempos de decadência, indene aos erros denunciados por eles.

O motivo é que – para indicar rapidamente, uma vez mais, a configuração de um debate apaixonante – eles reconhecem a consistência da elaboração filosófica de Lévinas a respeito da subjetividade, deplorando sua destruição, na década de 1960 e 1970, pelo que é habitualmente designado por "estruturalismo". Outro motivo é que o antirracionalismo é, pelo mesmo impulso, um anti-humanismo; neste caso, a morte do homem é precisamente a morte do "sujeito dotado de razão", da razão que se recompõe como tal na forma do sujeito. Ora, de acordo com a afirmação de Lévinas, seu pensamento opõe-se ao estruturalismo sobre a questão do sujeito. Por conseguinte, neste ponto, Alain Renaut – um dos autores do livro sobre o "pensamento de 68" – congratula-se com Lévinas por ter conseguido produzir uma figura do sujeito a respeito da qual é possível aventar a hipótese de que ela frustra a análise crítica do tipo estruturalista.

Dito isto, se a reflexão peculiar de Renaut tenta operar uma refundação do humanismo, que, no entanto, se emancipa de uma metafísica do *sujectum*, de um sujeito substância ou absoluto, absolutamente soberano, ela pretende ser bem-sucedida na articulação de uma figura do sujeito para a qual a responsabilidade seja a contrapartida de uma liberdade e, portanto, para a qual a autonomia seja, no mínimo, um objetivo a atingir. Desde então, o pensamento levinasiano – que Renaut identifica como um pensamento da heteronomia radical – não poderia convir ao objeto de sua busca.

Do ponto de vista de Renaut, o discurso levinasiano carece, por assim dizer, de discernimento: Lévinas assimilaria, no entender deste autor, a autonomia à atividade substancial do sujeito da metafísica moderna, que constitui o alvo de sua crítica. De um ponto de vista levinasiano, evidentemente, uma posição do tipo semelhante à de Renaut é que, pelo contrário, carece de radicalidade e permanece no interior do horizonte da proeminência metafísica, ao esquivar o inaudito e a absolutidade da prova do Outro, ou do *outramente que ser*; ora, precisamente nesta prova é que se exprime integralmente a subjetividade. De um ponto de vista levinasiano, a figura de um sujeito, considerado no horizonte da autonomia, permanece ainda uma versão possível do Mesmo em sua exigência de fechamento que não aborda, nem mesmo por alto, o "tema" de uma subjetividade emanando, em sua ipseidade, da própria radicalidade de sua passividade em relação ao apelo que a suscita.

Contentemo-nos em mencionar, aqui, de forma fortuita, esse debate. No entanto, cremos ter indicado que, se a filosofia levinasiana pode convir a pensamentos tão diversos e, às vezes, opostos, quanto o de Derrida (ao desconstruir a subjetividade e/ou o humanismo na esteira de Heidegger)[13] e o de Renaut (ao empenhar-se em opor um novo pensamento do sujeito autônomo e responsável ao anti-humanismo do chamado "pensamento de 68"), é porque o Outro levinasiano já tinha a capacidade de surpreender a própria diferança (no tema da subjetividade) e porque "o humanismo do outro homem" levinasiano já havia criado um abismo entre ele e os pensamentos humanistas de nossos dias, mesmo que estes pretendessem ser profundas renovações do kantismo.

Seria possível multiplicar os exemplos dessas múltiplas retomadas do pensamento de Lévinas que se distribuem por sentidos diferentes, inclusive opostos, ao ponto de sermos tentados a criticar esse pensamento – no entanto, intrinsecamente tão categórico em sua hipérbole ou em seu exagero – por se deixar acomodar facilmente a uma tibieza confusa que lhe permitiria "sair pela tangente" em caso de "desacordos".

No entanto, como vimos, existem também verdadeiros opositores do pensamento de Lévinas que criticam a inconsistência, demasiado edulcorada, de sua ética do rosto ou, pelo contrário, a extrema acidez do que a ética da perseguição tem de insuportável e de inabitável – de "antiético" no sentido de "sem possibilidade de permanência".

A exagerada cortesia da fórmula "passe o senhor à frente" agita-se apenas na superfície da radicalidade da prova do Infinito em seu exagero, que, por sua vez, não

---

13. É apenas para facilitar a exposição que apresentamos, desta maneira, a posição derridiana. Ela é muito mais complexa, sobretudo nos textos das décadas de 1980 e de 1990, marcados, quase sempre, pela preocupação relativa à questão da ipseidade; essa abordagem ocorreu, justamente, em um contexto de inspiração levinasiana... (Aliás, desde os primeiros textos, a atenção prestada por Derrida à questão da assinatura dá testemunho de que, tendo produzido uma desconstrução do sujeito – como *subjectum* –, ele não deixou de ser sensível ao que, muitas vezes, se disse sob o nome de "sujeito"...).

Conclusão

poderia se petrificar no momento da perseguição para surgir incessantemente, de novo, em suas ambiguidades.

* * * *

O pensamento levinasiano, em conformidade com uma de suas exigências fundamentais, revela-se fecundo para servir de orientação no tempo presente. Assim, para indicá-lo sucintamente, a ética do Outro é mobilizada, às vezes, para tentar conceber algo de especificamente humano que seja irredutível ao modelo proposto pela inteligência artificial, sem se enredar em um dualismo substancial. Ou, ainda, vem em socorro de uma ecologia que oferece resistência a uma sacralização da Natureza e a uma diabolização da técnica.[14]

É possível mencionar, também, as tentativas para transformar a noção de "rosto" em uma noção operatória com o objetivo de esclarecer a natureza das "relações internacionais"; eis o que, por definição, fazia falta aos apetrechos do pensamento político contemporâneo que havia excluído a ética (cf., entre outros, o conceito de Estado-nação). Nesta ordem de ideias, Roberto Toscano[15], por exemplo, faz um uso realmente esclarecedor da noção de rosto para analisar, em particular, as condutas genocidas que supõem o paradoxo segundo o qual a maior vizinhança com o Outro (a comunidade mais próxima da nossa) se combina com um trabalho ideológico de abstração do Outro, de eliminação de seu rosto.

---

14. Em relação a estes dois usos do pensamento de Lévinas, cf., por exemplo, Peter Kemp, *L'irremplaçable: une éthique de la technologie*, trad. fr., Paris, Les Éditions du Cerf, 1997.

15. R. Toscano, "Guerre, violence civile et éthique. La diplomatie à la lumière de Lévinas", in *Esprit*, jul. 1997, p. 152-72.

Se a filosofia de Lévinas pode nos falar com tanta acuidade do tempo presente é porque ela fala também – e, em primeiro lugar, a cada um – da prova de ser o que se é.

E esperamos que as páginas precedentes tenham incentivado, cada um por conta própria, a ler Lévinas como nós mesmos o fizemos, ou seja, como um autor que adverte o leitor contra qualquer tentação de tornar-se um discípulo epigônico, de tal modo a injunção que impregna integralmente seus textos é um traumatismo que incomoda e não o conforto de algo já-pensado ou de algo pronto-a-pensar – de algo já-Dito.

É verdade que tal postura supõe correr o risco de ficar arrasado pelo inaudito da prova testemunhada por estes textos que nos intimam a experimentá-la. Diante desse risco, perfila-se a tentação de rejeitar a prova, assim como a leitura de Lévinas, confinando nosso filósofo em uma categoria (sua obra não passaria, por exemplo, de teologia ou de um discurso edificante); ou, então, inversamente, de sucumbir sob os golpes da violência desse gesto (o epígono, como outra maneira de ser devoto, é precisamente aquele que, em seu elogio, não sabe oferecer resistência e, assim, contribui para que o pensamento que recebe se torne intimidante e autoritário). Pode-se, também, tentar proceder de modo que esse traumatismo se transforme em um nascimento, o nascimento de um si mesmo como subjetividade filosofante, como subjetividade que se constitui no trabalho e na exigência filosófica. E se a filosofia, em particular, com Lévinas, é um desvio destinado a retornar à vida em melhores condições, então, deve-se dizer também que, antes de mais nada, esse traumatismo pretende despertar – quem passa por essa prova – para viver sua própria vida, sua vida como tal absolutamente única.

Convém lembrar que, segundo Lévinas, o pai ou o mestre são aqueles que, justamente, interpelam o si mesmo do filho ou do discípulo, intimando-o a se situar na existência, precisamente sendo *outro*. O verdadeiro pai é quem sabe dizer: meu filho é aquele sobre quem "não tenho poder". Um mestre torna sempre possível que nos liberemos da relação que nos une a ele; em certo sentido, inclusive, ele exige tal atitude. E, no entanto, incessantemente e para sempre, ele nos acompanha de modo que, se porventura acreditamos estar em condições de nos deter em algum lugar, se somos tentados a consolidar um Dito temático pelo qual, daí em diante, tudo seria "pensável", a leitura de algumas linhas de seus escritos, dando testemunho do inaudito do *outramente que ser*, nos desestabiliza e exige que retomemos a caminhada. Assim, a maior fidelidade ao texto levinasiano consistirá em entender, incessantemente, através dele, a exigência de quebrar os Ditos sedimentados, de evitar enraizar-se definitivamente em algum lugar e, sobretudo, no que tem a ver também e inevitavelmente, inclusive na filosofia de Lévinas, com o Dito constituído.

Por sua ambiguidade ou intermitência, o pensamento levinasiano é preservado de qualquer fixação no ser ou no Dito temático, permitindo-lhe renascer, incessantemente, de novo.

E por pouco "bom uso" que se possa fazer desse pensamento, transformando seu poder de traumatismo na oportunidade de um nascimento e não de uma morte, então o testemunho da prova do Infinito ou do rosto do Outro na qual ele se exprime integralmente, garantindo seu próprio nascimento continuado – à semelhança do ceticismo, incessantemente renascendo de suas cinzas –, será a injunção, dirigida ao leitor, no sentido de renascer incessantemente, de novo, para o pensamento e para a vida.

É assim – como exigência de romper o imobilismo do ser e do Dito temático – que Lévinas compreendeu o imperativo fenomenológico de interromper a tese do mundo (a *epokhé*); além disso, na exposição do *logos* tematizado ao que o excede, é que ele foi, igualmente, um grande filósofo e um grande escritor. Sua obra é, integralmente, o testemunho da prova do exagero que excede o discurso temático da filosofia *no mesmo plano* desse Dito e de seus condicionantes, sem nunca ter preferido a facilidade de transgredi-los – facilidade simétrica daquela que consiste em evitar correr riscos.

Pelo mesmo impulso, esta obra é a injunção, dirigida a cada um, no sentido de fazer a experiência por si mesmo dessa prova, tentando elaborar – segundo o próprio estilo e o próprio ritmo – um testemunho a seu respeito. Neste sentido somente é que se trata verdadeiramente da obra de um mestre.

Indicações bibliográficas

Obras de Emmanuel Lévinas:

Théorie de l'intuition dans la phénoménologie de Husserl (1930). Paris: Vrin, 1963.

Quelques réflexions sur l'hitlérisme (1934). Paris, Rivage Poche, 1997

De l'évasion (1935). Montpellier: Fata Morgana, 1982.

De l'existence à l'existant (1947). Paris: Vrin, 1977. [Ed. bras.: *Da existência ao existente*. Trad. de Paul Albert Simon e Lígia Maria de Castro Simon. Campinas: Papirus, 1998.]

Le temps et l'autre (1948). Paris: PUF, col. Quadrige, 1982.

En décrouvant l'existence avec Husserl et Heidegger (1949). Paris: Vrin, 1967 (2ª ed. aumentada). [Ed. Port.: *Descobrindo a existência com Husserl e Heidegger*. Trad. de Fernando Oliveira. Lisboa: Instituto Piaget, 1997.]

Totalité et Infini: essai sur l'extériorité (1961). Paris: Le Livre de Poche, 1990. [Ed. port.: *Totalidade e infinito*. Trad. de José Pinto Ribeiro. Lisboa: Edições 70, 2000.]

Difficile liberté: essais sur le judaïsme (1963). Paris: Le Livre de Poche (2ª ed. revista e aumentada, 1976), 1997.

Quatre lectures talmudiques. Paris: Minuit, 1968 [Ed. bras.: *Quatro leituras talmúdicas*. Trad. de Fábio Landa e Eva Landa. São Paulo: Perspectiva, 2003.]

Humanisme de l'autre homme (1972). Paris: Le Livre de Poche, 1987. [Ed. bras.: *Humanismo do outro homem*. Trad. de Pergentino Stefano Pivatto (coord.). Petrópolis: Vozes, 1996.]

Autrement qu'être, ou au-delà de l'essence (1974). Paris: Le Livre de Poche, 1991.

Du sacré au saint: cinq nouvelles lectures talmudiques. Paris: Minuit, 1977.

De Dieu que vient à l'idée. Paris: Vrin, 1982. [Ed. bras.: *De Deus que vem à ideia*. Trad. de Pergentino Stefano Pivatto (coord.). Petrópolis: Vozes, 2002.]

L'au-delá du verset: lectures et discours talmudiques. Paris: Minuit, 1982.

Éthique et infini, dialogues avec Ph. Nemo (1982). Paris: Le Livre de Poche, 1984. [Ed. port.: *Ética e infinito: diálogos com Philippe Nemo*. Trad. de João Gama. Lisboa: Edições 70, 2000.]

Transcendance et intelligibilité: suivi d'un entretien. Genebra: Labor et Fides, 1984. {ed. port.: *Transcendência e inteligibilidade*. Trad. de José F. Colaço. Lisboa, Edições 70, 1991.]

À l'heure des nations. Paris: Minuit, 1988.

Les imprévus de l'histoire. Montpellier: Fata Morgana, 1994.

Positivité et transcendance. Paris: PUF, 2000.

Obras e artigos sobre Lévinas:

ABENSOUR, Miguel. "L'extravagante hypothèse", in *Rue Descartes*, nº 19, *Emmanuel Lévinas*, org. de D. Cohen-Lévinas. Paris: PUF, 1998.

Indicações bibliográficas

_____. Le mal élémental, na sequência de Lévinas. *Quelques réflexions sur l'hitlérisme* (1934). Paris: Rivage Poche, Petite Bibliothèque, 1997.

CALIN, Rodolphe e SEBBAH, François-David. *Le vocabulaire de Lévinas*. Paris: Ellipses, 2002.

CHALIER, Catherine. *Figures du féminin:* lecture d'Emmanuel Lévinas. Paris: Verdier, 1982.

_____. Pour une pensée inspirée. *Epokhè*, nº 2. Millon, 1991.

_____. *Lévinas, l'utopie de l'humain*. Paris: Albin Michel, 1993 [Ed. port.: *Lévinas: a utopia do humano*. Trad. de António Hall. Lisboa: Instituto Piaget, 1996.]

_____. *La trace de l'infini:* Emmanuel Lévinas et la source hébraïque. Paris: Cerf, 2002.

CHRÉTIEN, Jean-Louis. La dette et l'élection. *Cahier de l'Herne. Emmanuel Lévinas*, sob a dir. de C. Charlier e de M. Abensour. Paris: L'Herne, 1991.

COLETTE, Jacques. Lévinas et la phénoménologie husserlienne. *Les Cahiers de La nuit surveillée, Emmanuel Lévinas*. Lagrasse: Verdier, 1984.

DASTUR, Françoise. Intentionnalité et métaphysique, in *Lévinas et la phénoménologie*, sob a dir. de J.-L. Marion, na sequência de Lévinas. *Positivité et transcendance*. Paris: PUF, 2000.

DAVID, Alain. Le nom de la finitude: de Lévinas à Kant. *Les Cahiers de La nuit surveillée, Emmanuel Lévinas*. Lagrasse: Verdier, 1984.

DERRIDA, Jacques. Violence et métaphysique. *L'écriture et la différence*. Paris: Le Seuil, 1967.

_____. En ce moment même dans cet ouvrage me voici, retomado in *Psyché, inventions de l'autre*. Paris: Galilée, 1987.

_____. *Adieu à Emmanuel Lévinas*. Paris: Galilée, 1997. [Ed. bras.: *Adeus a Emmanuel Lévinas*. Trad. de Fábio Landas. São Paulo: Perspectiva, 2004.]

FRANCK, Didier. Le corps de la différence. *Philosophie*, nº 34. Paris: Minuit, 1992.

_____. *Dramatiques des phénomènes*. Paris: PUF, 2001.

HAAR, Michel. L'obsession de l'Autre: l'éthique comme traumatisme. *Cahier de l'Herne, Emmanuel Lévinas*, sob a dir. de C. Charlier e de M. Abensour. Paris: L'Herne, 1991.

LÉVY, Benny. *Visage continu:* la pensée du Retour chez Emmanuel Lévinas. Paris: Verdier, 1998.

LYOTARD, Jean-François. Logique de Lévinas, in *Textes pour Emmanuel Lévinas*. Paris: J.-M. Place, 1980.

MALKA, Salomon. *Lire Lévinas*. Paris: Cerf, 1984.

_____. *Emmanuel Lévinas – La vie et la trace*. Paris: J.-C. Lattès, 2002.

MARION, Jean-Luc. L'intentionnalité de l'amour". *Les Cahiers de La nuit surveillée, Emmanuel Lévinas*. Lagrasse: Verdier, 1984.

_____. D'autrui à l'individu, in *Lévinas et la phénoménologie*, sob a dir. de J.-L. Marion, na sequência de Lévinas. *Positivité et transcendance*. Paris: PUF, 2000.

PETROSINO, Silvano e ROLLAND, Jacques. *La vérité nomade:* Introduction à Emmanuel Lévinas. Paris: La Découverte, 1984.

RICŒUR, Paul. *Autrement:* lecture d'Autrement qu'être ou au-delà de l'essence d'Emmanuel Lévinas. Paris, PUF, 1997. [Ed. bras.: Outramente: leitura do livro "Autrement qu'être ou au dela de l'essence" de Emmanuel Lévinas; trad. de Pergentino Stefano Pivatto. Petrópolis: Vozes, 1999.]

ROLLAND, Jacques. Une logique de l'ambiguïté, in *Autrement que savoir – Emmanuel Lévinas*. Paris: Osiris, 1988.

_____. Divine comédie: la question de Dieu chez E. Lévinas, in *La différence comme non-indifférence*. Paris: Kimé, 1995.

Indicações bibliográficas

245

ROLLAND, Jacques. L'ambiguïté comme façon de l'autrement, in *Emmanuel Lévinas – l'éthique comme philosophie première*, sob a dir. de Jean Greisch e J. Rolland. La nuit surveillée. Paris: Cerf, 1993.

_____. *Parcours de l'autrement*. Paris: PUF, 2000.

SALANSKIS, Jean-Michel. Loi, série, détermination. *Césure*, nº 5, 1993.

SEBBAH, François-David. Eveil et naissance. Quelques remarques à partir de Michel Henry et Emmanuel Lévinas". *Alter*, nº 1, 1993.

_____. Lire Lévinas et penser tout autrement. *Esprit*, nº 234, 1997.

_____. *L'épreuve de la limite:* Derrida, Henry, Lévinas et la phénoménologie. Paris : PUF, 2001.

_____. Emmanuel Lévinas, in *Introduction à la phénoménologie*, sob a dir. de Ph. Cabestan. Paris: Ellipses, 2003.

ZARADER, Marlène. *L'être et le neutre – À partir de Maurice Blanchot*. Lagrasse: Verdier, 2001.

Obras coletivas e revistas:

Autrement que savoir, Emmanuel Lévinas. Paris: Osiris, 1988.

Cahier de l'Herne, Emmanuel Lévinas, sob a dir. de C. Charlier e de M. Abensour. Paris: L'Herne, 1991.

Esprit, jul. 1997, nº 234, Lectures d'Emmanuel Lévinas.

Les Cahiers de La nuit surveillée, Emmanuel Lévinas, nº 3, org. de J. Rolland. Lagrasse: Verdier, 1984.

Lévinas et la phénoménologie, sob a dir. de J.-L. Marion, na sequência de Lévinas. *Positivité et transcendance*. Paris: PUF, 2000.

Rue Descartes, nº 19. *Emmanuel Lévinas*, org. de D. Cohen-Lévinas. Paris: PUF, 1998.

Algumas obras sobre Lévinas [em português]

COSTA, Márcio. *Lévinas – uma introdução*, Petrópolis: Vozes, 2001.

FABRI, Marcelo; FARIAS, André Brayner de e SOUZA, Ricardo Timm (orgs.). *Alteridade e ética: obra comemorativa dos 100 anos de nascimento de Emmanuel Lévinas.* Porto Alegre: EDIPUCRS, 2008.

FABRI, Marcelo et al. (orgs.). *Éticas em diálogo – Lévinas e o pensamento contemporâneo:* questões e interfaces. Porto Alegre: EDIPUCRS, 2003.

FABRI, Marcelo. *Desencantando a ontologia:* subjetividade e sentido ético em Lévinas. Porto Alegre: EDIPUCRS, 1997.

HADDOCK-LOBO, Rafael. *Da existência ao infinito: ensaios sobre Emmanuel Lévinas.* Rio de Janeiro: PUC-Rio; São Paulo: Loyola, 2006.

PELIZZOLI, Marcelo. *A relação ao Outro em Husserl e Lévinas.* Porto Alegre: EDIPUCRS, 1994.

_____. *Levinas: a reconstrução da subjetividade.* Porto Alegre: EDIPUCRS, 2002.

SUSIN, Luiz Carlos. *O homem messiânico – uma introdução ao pensamento de Emmanuel Levinas*, Porto Alegre: Escola Superior de Teologia São Lourenço de Brindes; Petrópolis: Vozes, 1984.

TIMM DE SOUZA, Ricardo. *Sujeito, ética e história – Levinas, o traumático infinito e a crítica da filosofia ocidental.* Porto Alegre: EDIPUCRS, 1999.

_____. *Sentido e alteridade –* Dez ensaios sobre o pensamento de E. Levinas. Porto Alegre: EDIPUCRS, 2000.

_____. *Razões plurais –* Itinerários da racionalidade ética no século XX: Adorno, Bergson, Derrida, Lévinas, Rosenzweig. Porto Alegre: EDIPUCRS, 2004.

Revistas:

Revista *Veritas* – *Lévinas*, número especial. Porto Alegre, 1992.

Cadernos da FAFIMC, 13 – *Lévinas*, número especial. Viamão, RS, 1995.

ESTE LIVRO FOI COMPOSTO EM SABON
CORPO 10,7 POR 13,5 E IMPRESSO SOBRE
PAPEL OFF-SET 75 g/m² NAS OFICINAS DA
GRÁFICA ASSAHI, SÃO BERNARDO DO
CAMPO - SP, EM AGOSTO DE 2009